Erica Bänziger Brigitte Speck

# Schlank mit der Blutgruppen-Ernährung

Erica Bänziger Brigitte Speck

# Schlank mit der Blutgruppen-Ernährung

100 Rezepte
für die häufigsten Blutgruppen
0 und A

AT Verlag

Wenn nicht anders vermerkt, sind die Rezepte in diesem Buch für Blutgruppe 0 und A geeignet. Bei einigen Rezepten sind einzelne Zutaten für die eine oder andere Blutgruppe anzupassen.

Die Mengen sind jeweils für 2 Personen berechnet.

Dieses Buch ist eine vollständig überarbeitete Neuausgabe des 2001 unter dem Titel «Blutgruppen-Kochbuch 0 und A» erschienenen Werks.

4. Auflage, 2010


AT Verlag, Baden und München
Fotos: Andreas Thumm, Freiburg i.Br.
Lithos: AZ Print, Aarau
Druck und Bindearbeiten: AZ Druck und Datentechnik GmbH, Kempten
Printed in Germany

ISBN 978-3-85502-825-2

www.at-verlag.ch

# Inhaltsverzeichnis

# Vorwort

Die Zeit

*Nimm dir Zeit, um zu arbeiten; dies ist der Preis des Erfolges.*
*Nimm dir Zeit, um nachzudenken; dies ist die Quelle der Kraft.*
*Nimm dir Zeit, um zu spielen, dies ist das Geheimnis der Jugend.*
*Nimm dir Zeit, um freundlich zu sein; dies ist das Tor zum Glücklichsein.*
*Nimm dir Zeit, um zu träumen; dies ist der Weg zu den Sternen.*
*Nimm dir Zeit, um zu lieben, dies ist die wahre Lebensfreude.*
*Nimm dir Zeit, um froh zu sein, dies ist die Musik der Seele.*
*Nimm dir Zeit, um dich gesund zu ernähren, dies ist der Weg zur vollkommenen Gesundheit.*

Nach einer isländischen Weisheit

Schon wieder eine neue «Diät», werden viele kopfschüttelnd fragen. Entsprechend gross ist derzeit auch die Zahl der Kritiker dieses aktuellen Ernährungstrends aus den USA. Gleichzeitig aber wächst die Zahl der Befürworter täglich. Die meisten von ihnen haben selbst positive Erfahrungen mit dieser Ernährungsform gemacht. Viele haben ohne spezielle Anstrengungen Gewicht verloren, andere fühlen sich einfach leistungsfähiger oder sind endlich frei von ihren langjährigen Verdauungsbeschwerden. Der Grund: Sie ernähren sich typgerecht und meiden oder reduzieren für ihre Blutgruppe weniger bekömmliche Lebensmittel. Entsprechende Rückmeldungen erhielten wir auch von unseren Klienten und Klientinnen, die sich im Rahmen einer Diplomarbeit dazu bereit erklärt hatten, sich sechs Wochen lang nach der Blutgruppentheorie zu ernähren.

Ehrlich gesagt, auch wir waren, als diese neue Ernährungstheorie aufkam, zunächst skeptisch. Aber als wir uns dann mit dem Thema – zuerst theoretisch und später auch in der Praxis, unter anderem durch Befragungen unserer Klienten – intensiver zu beschäftigen begannen, schlug die anfängliche Skepsis in Staunen und schliesslich in immer grössere Zustimmung um. Wir waren, kurz gesagt, begeistert. So wurde diese Ernährungslehre bei Bekannten, bei Freunden und natürlich bei uns selbst nochmals auf ihre Tauglichkeit überprüft. Die Resultate überzeugten uns. Wie der Begründer dieser Lehre, Dr. Peter D'Adamo, stellten auch wir fest, dass diese Ernährungweise 9 von 10 Personen nützt. Sie nützt umso mehr, je gravierender die gesundheitlichen Probleme sind, egal ob es sich um Übergewicht, Verdauungsstörungen oder Rheuma handelte. Die Auswahl der für die eigene Blutgruppe besonders gut verträglichen Lebensmittel wirkt sich schliesslich immer positiv auf den gesamten Stoffwechsel und damit auch auf das Wohlbefinden und das individuelle Wohlfühlgewicht aus. Diese Erfahrungen bewogen uns, dieses Kochbuch zu schreiben.

Da Blutgruppe 0 und A die zwei häufigsten Blutgruppen sind und bei uns rund 86 Prozent der gesamten Bevölkerung abdecken, haben wir für diese zwei Gruppen Rezepte gesucht und kreiert, die jeweils auch für die andere Blutgruppe geeignet sind. Es war uns ausserdem ein grosses Anliegen, Rezepte für die hiesigen Ernährungsgewohnheiten zu bieten und wo nötig den Blutgruppenempfehlungen anzupassen. Dabei haben wir, anders als derzeit in der Presse oft zu lesen ist, auch für die Blutgruppe 0 zahlreiche vegetarische Rezepte oder Rezepte mit Fisch zusammengestellt, so dass auch Vegetarier mit der Blutgruppe 0 auf ihre Rechnung kommen. Nach unseren eigenen Erfahrungen können sich Personen mit der Blutgruppe 0 nämlich sehr gut überwiegend vegetarisch ernähren, tun aber gut daran, ab und zu eine Mahlzeit mit Fleisch zu sich zu nehmen, um ihren Energiepegel zu steigern. Wir empfehlen daher für Personen mit der Blutgruppe 0 ein bis zwei kleine Fleischmahlzeiten pro Woche. Wer auf Fleisch ganz verzichten will, sollte stattdessen zwei Fischmahlzeiten pro Woche geniessen. Auf jeden Fall gilt es, weder mit dem Fleisch- noch mit dem Fischkonsum zu übertreiben. Die Blutgruppentheorie von Dr. D'Adamo wird häufig gerade wegen der Empfehlung, vermehrt Fleisch und Fisch zu konsumieren, kritisiert. Immer wieder liest man, diese Ernährung sei zu einseitig und zu fleischlastig, was aus gesundheitlichen Gründen nicht zu empfehlen ist. Diese Aussagen können wir aber ganz und gar nicht teilen, vielmehr kann auch die Blutgruppenernährung, wie unsere Rezepte zeigen, eine abwechslungsreiche Mischkost sein.

Da die Blutgruppen 0 und A gemäss unseren Befragungen auch sehr häufig im selben Haushalt vorkommen, haben wir besonderen Wert darauf gelegt, möglichst viele für diese beiden häufigsten Blutgruppen geeignete, einfache und trotzdem schmackhafte Rezepte zusammenzustellen. Wenn das eine oder andere Rezept nur für eine der beiden Blutgruppen passt, haben wir bei den Zutaten immer Alternativen für die jeweils andere Blutgruppe aufgezeigt. Dies dürfte für viele Interessierte eine echte Hilfe im Alltag sein. Denn es liegt uns persönlich natürlich daran, dass das traute Zusammenleben nicht plötzlich wegen Unverträglichkeit der Blutgruppe bedroht ist ...

Zuletzt haben wir uns die grosse Aufgabe gestellt, die bisher vorliegenden Lebensmittellisten wo nötig zu ergänzen bzw. unseren europäischen Ernährungsgewohnheiten anzupassen. Gleichzeitig finden Sie eine einfache Kombinationsliste, mit deren Hilfe Sie sofort erkennen können, welche Lebensmittel für die Blutgruppen 0 und A gleichermassen geeignet sind. Damit wird Ihnen der Küchenalltag und der Einkauf erleichtert.

Nach unseren bisherigen durchwegs positiven Erfahrungen bleibt unsere Hoffnung, dass es Ihnen, liebe Leser und Leserinnen, mit unserem Buch gelingt, diese, wie wir meinen, durchaus empfehlenswerte Ernährungslehre im Alltag praktisch umzusetzen. Wir wünschen Ihnen schon jetzt viel Freude, vor allem Lebensfreude und die Freude am täglichen gesunden und abwechslungsreichen Geniessen!

*Erica Bänziger und Brigitte Speck, Herbst 2000*

# Die Blutgruppentheorie

*Eure Nahrungsmittel sollen eure Heilmittel und eure Heilmittel eure Nahrungsmittel sein.* Hippokrates (5. Jh. v. Chr.)

Des einen Freud ist oft des anderen Leid – dies gilt auch beim Essen. Die Bedürfnisse sind nun mal verschieden, und was dem einen bekommt, das kann für den anderen unverträglich oder sogar schädlich sein. Heute gilt es als gesichert, dass es kein allgemein gültiges Patentrezept dafür gibt, was allen gleichermassen gut tut. Und genau da setzt die relativ junge Theorie der Ernährung nach den Blutgruppen des amerikanischen Naturheilarztes Dr. J. Peter D'Adamo an.

**Eine neue Entdeckung aus den USA**

Dr. Peter J. D'Adamo, geboren 1956 in New York, ist in den USA ein bekannter Naturheilarzt. Er hat in der Nachfolge seines Vaters über viele Jahre hinweg die Zusammenhänge zwischen Blutgruppe, Lebens- und Ernährungsweise, Gesundheit und Krankheit erforscht. Die von ihm begründete Ernährungsform nach den Blutgruppen wurde auf der Grundlage jahrelanger praktischer Erfahrungen und Beobachtungen an zahlreichen Klienten nach und nach entdeckt und entwickelt. Es handelt sich bei dieser Ernährung also um eine empirische Ernährungslehre. Diese Beobachtungen publizierte der Vater von Peter J. D'Adamo erstmals 1980 in den USA unter dem Titel «One Man's Food». Darin empfahl er Menschen mit der Blutgruppe A, nur mässig tierisches Eiweiss, stattdessen mehr Soja und Tofu zu essen und nur leichte Sportarten zu betreiben. Patienten mit der Blutgruppe 0 dagegen empfahl er eine fleischbetonte Ernährung und viel körperliche Bewegung. Bei beiden Gruppen bewirkte die Befolgung dieser Ratschläge eine Steigerung des Wohlbefindens; sie fühlten sich frischer und energiegeladener als mit einer anderen Kost.

Der Vater von Peter J. D'Adamo stellte in den Fünfzigerjahren bei seinen Studien in verschiedenen Kurorten in Europa immer wieder fest, dass einige Patienten die dort übliche vegetarische und fettarme Kost besonders gut und andere gar nicht vertrugen. Eine mögliche Antwort darauf vermutete er im Blut der Menschen. Nach jahrelangen Tests und Befragungen von Klienten in seiner eigenen Praxis kam er zum Schluss, dass eine Diät immer etwas Individuelles ist und dass die Blutgruppe mit darüber entscheidet, was jemandem besonders gut oder weniger gut bekommt. Die Wirkung dieser Ernährungsweise ist damit nur empirisch, nicht wissenschaftlich belegt. Sein Sohn, Peter J. D'Adamo, konnte dann allerdings in seinen Forschungen belegen, dass zahlreiche Nahrungsmittel für manche Bluttypen ähnliche Eigenschaften aufweisen wie die Blutgruppen-Antigene. Diese Wirkung beruht auf dem Vorhandensein von so genannten Lektinen.

**Blutgruppenernährung ist Erfahrungsheilkunde**

Die Blutgruppenernährung gehört zur grossen Gruppe der alternativen Ernährungslehren, zu der auch andere in der Praxis bewährte und sehr bekannte Ernährungsempfehlungen zählen, wie z.B. die Trennkost, die uralte chinesische Lehre der Ernährung nach den Fünf Elementen oder die Ernährung nach dem Ayurveda. Auch diese Ernährungsformen sind in ihrer Wirkungsweise wissenschaftlich nicht zu beweisen. Doch sie alle haben ihre Anhänger und trotz des Mangels an wissenschaftlichen Beweisen unbestreitbar ihre Wirkung. Wie heisst es doch treffend: «Wer heilt, hat Recht, und die Wahrheit ist das, was wirkt.» Die Bücher von Dr. D'Adamo standen jedenfalls wochenlang ganz oben auf den Bestsellerlisten, und es gibt immer mehr Menschen, die mit diesen Empfehlungen erstaunliche Resultate erzielten. Dies trotz aller Kritik und den derzeitigen Verunsicherungen durch die Medien und durch zahlreiche Ernährungswissenschaftler.

Im Übrigen bedenke man, dass auch die heute weitgehend anerkannte Homöopathie wissenschaftlich nicht zu beweisen ist, und trotzdem wirkt sie ebenso wie zahlreiche andere naturheilkundliche Therapien.

## Die Grundsätze der Ernährung nach den Blutgruppen

### Abwechslungsreiche Mischkost

Die Blutgruppenernährung ist in erster Linie eine schmackhafte und abwechslungsreiche Mischkost, die einige Gemeinsamkeiten mit der heute sehr populären Trennkost und Vollwertkost aufweist. Die Lebensmittel sollten wenn immer möglich vollwertig sein. Grossen Wert legt Dr. D'Adamo auch auf die Lebensmittelqualität und ihre Bedeutung für die Gesundheit; insbesondere empfiehlt er den Kauf von kontrolliert biologischen Produkten, und bei Fleisch wird nur einwandfreies Weidefleisch empfohlen.

Die Mahlzeiten werden ähnlich wie bei der Trennkost zusammengestellt. So wird zu Fleisch oder Fisch der Konsum von genügend Salat und Gemüse empfohlen. Das ist auch wichtig für den Ausgleich mit Basen.

Unsere Erfahrungen zeigten, dass bei Personen mit Gewichtsproblemen eine Kombination der Blutgruppentheorie mit den Prinzipien der Trennkost die besten Resultate erbringt.

In der Trennkost werden konzentriert eiweisshaltige Lebensmittel wie z.B. Fleisch oder Fisch nicht zusammen mit konzentriert kohlehydrathaltigen Lebensmitteln wie Brot, Reis oder Teigwaren in derselben Mahlzeit eingenommen. Diese Empfehlung kann problemlos auch bei der Blutgruppenernährung angewandt werden.

### Keine sturen Ge- und Verbote

Wir möchten hier ausdrücklich betonen, dass wie bei den meisten anderen Ernährungsformen auch die Ernährung nach den Blutgruppen keine sturen Ge- und Verbote kennt, sondern nur Empfehlungen gibt. Und zwar werden jeweils für eine bestimmte Blutgruppe die am besten bekömmlichen Lebensmittel empfohlen und die weniger bekömmlichen Lebensmittel genannt, die, wenn man sie häufig verzehrt, je nach persönlicher Konstitution zu einer Belastung für den Stoffwechsel werden können.

Oft machen erst die Anwender eine Ernährungsform zu einer sturen Doktrin, was vielen guten neuen Ansätzen letztlich nur schadet.

## Die gesundheitlichen Wirkungen

### Nicht nur zum Abnehmen

Besonders bedauerlich ist, dass die Blutgruppenernährung häufig in erster Linie zum Abbau von Übergewicht empfohlen wird. Obwohl man mit dieser Ernährungsform tatsächlich ohne grosse Schwierigkeiten überflüssiges Gewicht abbauen kann – dies aber immer unter der Voraussetzung, dass man eine Gewichtsreduktion auch wirklich nötig hat –, hat sie auch für alle anderen Interessierten positive Auswirkungen. Denn wer in seinem Speiseplan vor allem die für seine Blutgruppe empfehlenswerten und neutralen Lebensmittel bevorzugt, kann sich an einem gesteigerten guten Lebensgefühl und einer stabilen Gesundheit erfreuen. Wer sich seinem Stoffwechsel gemäss ernährt, kann dadurch sein Gewicht konstant halten – dies ist bei der Blutgruppenernährung genauso der Fall wie bei der Trennkost oder der Ernährung nach den Fünf Elementen.

Und nicht vergessen: Das Wichtigste beim Essen ist neben frischen, naturbelassenen Zutaten vor allem die Freude am gesunden Genuss.

### Stärkung des Immunsystems

Durch die Befolgung der Empfehlungen der Blutgruppenernährung wird das Immunsystem gestärkt. Gleichzeitig sinkt dadurch die Anfälligkeit für die blutgruppenspezifisch häufig auftretenden Krankheiten. (Wer sich für dieses Thema interessiert, dem seien die diesbezüglichen Werke von Peter D'Adamo empfohlen, siehe Literaturverzeichnis.) Der Zusammenhang zwischen Ernährung und Krankheit ist längst anerkannt, doch trotzdem wird noch viel zu wenig auf eine typgerechte Ernährung Wert gelegt.

**Eigene Erfahrungen sammeln und selbst urteilen**

Am besten überprüfen Sie die Empfehlungen der Blutgruppentheorie an sich selbst. Am einfachsten ist es, für 2 bis 3 Wochen bevorzugt die in der Kategorie der bekömmlichen und neutralen Lebensmittel genannten zu verwenden und die zu meidenden möglichst ganz wegzulassen. Nach dieser «Probezeit» kann man zunächst sein persönliches Befinden beurteilen. Stellt man dann seine Gewohnheiten wieder auf die bisherige, alte Ernährung um, sollte man einen deutlichen Unterschied im Befinden wahrnehmen. Der Unterschied ist natürlich umso grösser, je stärker die alte Ernährung von der Blutgruppenernährung abweicht.

Solche persönlichen Erfahrungen zählen mehr als alle wissenschaftlichen Beweise. Es ist sicher nicht von der Hand zu weisen, dass die neuartige Blutgruppentheorie auf den ersten Blick geradezu verwegen anmutet, aber Dr. D'Adamo versichert seinen Lesern: «Es ist so einfach und grundlegend wie das Leben selbst.» Und er verspricht denn auch allen Skeptikern nach zwei Wochen Testessen einen Anstieg der Leistungsfähigkeit, eine beginnende Gewichtsabnahme, sofern nötig, weniger Verdauungsprobleme und z.B. auch weniger Kopfschmerzen. Geben Sie der Blutgruppenernährung eine Chance und urteilen Sie selbst!

**Erfahrungen statt wissenschaftliche Beweise**

Nach den Auswertungen von Tausenden ärztlich attestierter Resultate von Patienten kann man sagen, dass eine typgerechte Ernährung für die eigene Blutgruppe 9 von 10 Menschen gut tut. Die Wirkung ist umso stärker, je mehr gesundheitliche Probleme eine Person hat.

Die Unterscheidung nach der Blutgruppenzugehörigkeit gibt uns endlich eine mögliche Antwort auf die zentrale Frage, warum nicht jeder und jede gleich auf die eine oder andere Ernährungsempfehlung reagiert.

## Entstehung und Typisierung der 4 Blutgruppen

*Die Wunder der Seele bleiben jenen verschlossen, die dauernd die Ernährungsgesetze missachten. Von der Ernährung hängen Kraft und Tiefe der inneren Erlebnisse ab – das ist ihre eigentliche Bedeutung. Sich um seinen Körper, um seine Ernährung zu bekümmern, hat keinen Zweck, es sein denn, dass daraus eine neue Entfaltung, ein Erwachen der inneren Kräfte entstehe.*

Dr. med. M. Bircher-Benner

Die gesamte Bevölkerung der Erde lässt sich in die vier Blutgruppen 0, A, B und AB einteilen. Die Blutgruppe bleibt von Geburt an zeitlebens unverändert. Die Herausbildung der einzelnen Blutgruppen wird als genetische Anpassung an veränderte Lebens- und Umweltbedingungen beschrieben, die auf dem Weg der Mutation vor sich ging nach dem Darwinschen Prinzip vom «Überleben des Stärksten». Die Entwicklung der Blutgruppen spiegelt daher auch in gewissem Sinne die Menschheitsgeschichte wider.

Jede Blutgruppe enthält in sich die genetische Botschaft der Ernährungs- und Verhaltensweisen unserer Vorfahren, und obwohl wir von der Frühgeschichte weit entfernt sind, beeinflussen uns viele ihrer Merkmale bis heute. Die Kenntnis dieser Veranlagungen hilft, die Logik zu verstehen, die der Ernährung nach einer bestimmten Blutgruppe zugrunde liegt.

Die Geschichte der Blutgruppen lehrt uns etwas über die genetische Veranlagung des Menschen.

- Der Aufstieg der Menschen an die Spitze der Nahrungskette (Entwicklung und Modifizierung des 0-Typs).
- Der Wechsel vom Leben als Jäger und Sammler zu einer stärker häuslichen, agrarischen Lebensweise (Erscheinen des A-Typs).
- Die Verschmelzung und Wanderung der Rassen aus ihrer afrikanischen Heimat nach Europa, Asien, Nord-, Mittel- und Südamerika (Entwicklung des B-Typs).
- Die einsetzende Vermischung von ungleichartigen Gruppen (Entwicklung des AB-Typs).

Die Zugehörigkeit zu einer Blutgruppe, zu einer geografischen Herkunft und Rasse verflechten sich und bilden unsere Identität als Menschen. Die Blutgruppe ist älter als die Rasse und von grundlegenderer Bedeutung als unsere ethnische Zugehörigkeit.

**Blutgruppe 0 – die «Alten»**
Um 40 000 v. Chr. katapultierte sich die menschliche Spezies mit einem Schlag an die Spitze der Nahrungskette. Damit war der Mensch zum gefährlichsten Raubtier auf der Erde geworden. Die geschickten und gefährlichen Jäger dieser Zeit ernährten sich von Eiweiss in Form von Fleisch, es war ihr Treibstoff. Als dann um 20 000 v. Chr. die Chromagnon-Menschen vollständig nach Europa und Asien eingewandert waren, dezimierten sie die Grosswildherden bald so stark, dass sie neue Nahrungsquellen erschliessen mussten; der Mensch wurde zum Allesesser, der sich von Beeren, Maden, Raupen, Nüssen und Wurzeln ernährte. Durch die Besiedlung der See- und Flussufer kamen dann auch Fische und Krustentiere hinzu.

**Blutgruppe A – der Landwirt und Vegetarier**
Aufgrund der Verknappung der Nahrungsquellen wanderten die Menschen weiter. Als Antwort auf die neuen Umweltbedingungen entstand die Blutgruppe A. Das Überleben des Menschen war nur möglich, indem er Landwirtschaft und Viehzucht zu betreiben lernte. Die höchste Konzentration an Menschen der Blutgruppe A finden wir gemäss Dr. D'Adamo unter Westeuropäern, und da vor allem im Mittelmeerraum, auf Korsika, Sardinien, in der Türkei, in Spanien, an der Adria und in der Ägäis. Ihre Zahl nimmt von Westeuropa Richtung Osten zunehmend ab; im östlichen Asien weist Japan eine der höchsten Konzentrationen von Menschen mit der Blutgruppe A neben einer mässigen Zahl an Menschen mit der Blutgruppe B auf.

**Blutgruppe B – der Nomade**
Nach dem heutigen Stand der Wissenschaft stammt der B-Typ ursprünglich aus dem Himalaja-Hochland und Indien. Er bildete sich auf der Basis der nicht sesshaften Lebensweise heraus. Lebensgrundlage der Nomaden war die Viehhaltung. Man zog durch die Landschaft und ernährte sich vom Fleisch der Tiere und den Milchprodukten der Rinder-, Ziegen- und Schafherden sowie von allem Essbaren, das sich entlang des Weges bot.

In Bezug auf das Immun- und Verdauungssystem vereinigt der B-Typ zahlreiche Qualitäten von A und B. Er entwickelte sogar ein widerstandsfähigeres Immunsystem als die Menschen mit den Blutgruppe A oder 0.

Die heutigen Inder sind ursprünglich ein kaukasisches Volk; sie weisen eine der höchsten Häufigkeiten der Blutgruppe B überhaupt auf. Im nördlichen China und in Korea ist die Quote von Menschen mit Blutgruppe B sehr hoch und jene der Blutgruppe A sehr niedrig.

**Blutgruppe AB – der moderne Mensch**

Die jüngste Blutgruppe, AB, entstand wohl erst vor rund 1000 bis 1500 Jahren, was entwicklungsgeschichtlich betrachtet eine sehr kurze Zeit ist. Diese Blutgruppe kommt auch am seltensten vor (weltweit unter 5%). Gemäss den Begründern dieser Theorie ist bisher nicht vollständig geklärt, was zur Entstehung dieser Blutgruppe führte. Man nennt sie daher gerne «die Rätselhafte», und es ist durchaus möglich, dass die Entwicklung dieser Blutgruppe noch nicht abgeschlossen ist.

Der Typ AB vereint nach heutigem Wissensstand die Stärken und Schwächen der Blutgruppen A und B. Menschen mit der Blutgruppe AB besitzen demzufolge ein komplexes, sprunghaftes Immun- und Verdauungssystem. Das kann sich sowohl positiv wie auch negativ auswirken.

Unsere Vorfahren hinterliessen also in jedem Menschen ein besonderes Erbe. Dieses Erbe ist seiner Blutgruppe und jedem einzelnen Zellkern im Menschen eingeprägt.

**Verteilung der Blutgruppen in Mitteleuropa**
(Deutschland/Schweiz)

| | |
|---|---|
| Blutgruppe 0 | 41% |
| Blutgruppe A | 43–47% |
| Blutgruppe B | 8–11% |
| Blutgruppe AB | 4–5% |

Quelle: Rotes Kreuz

Detailliert werden diese Zusammenhänge dargelegt im Buch «4 Blutgruppen, 4 Strategien für ein gesundes Leben» von Dr. Peter J. D'Adamo.

## Blut – der Schlüssel zum Verständnis

Das Blut ist die Kraft, die uns am Leben erhält. Ein einzelner Blutstropfen, der mit blossem Auge nicht zu erkennen ist, enthält den gesamten genetischen Code eines Menschen. Ausserdem enthält das Blut Äonen genetischer Erinnerungen – Bruchstücke besonderer Programmierungen, die unsere Vorfahren in Codes weitergereicht haben, die wir immer noch zu verstehen suchen.

Blut spielt auch in vielen Kulturen seit je eine magische Rolle. Den Göttern werden Blutopfer dargebracht, um sie gnädig zu stimmen. Blutsbande gelten als stärker denn Freundschaften. Das Blut wird auch als Symbol der Lebenskräfte in religiösen und kulturellen Zeremonien verwendet. Das Blut gilt als Träger der Ich-Kräfte.

Das Blut erfüllt zahlreiche lebenswichtige Funktionen in unserem Organismus. Neben der Regelung des Temperaturhaushalts sorgt es u.a. für die Bekämpfung von Krankheitserregern, die Entgiftung des Körpers und ist verantwortlich für die Ernährung jeder einzelnen Zelle. Dank ihm werden auch die Abfallstoffe aus dem System wieder ausgeschieden. Daher ist es nahe liegend, dass das Blut in einem engen Zusammenhang mit unserem Befinden steht. Darauf beruht die Wirkungsweise der Blutgruppenernährung.

Die Blutgruppe ist auch der Schlüssel zum gesamten Immunsystem des Menschen. Sie bestimmt, welchen Einfluss Viren, Bakterien, Infektionen, chemische Stoffe, seelische Belastungen und unsere Lebensbedingungen haben, die unser Immunsystem bedrohen können.

### Die Aufgaben des Blutes in Kürze

Blut, unser Lebenssaft, versorgt den Körper mit Sauerstoff und Nährstoffen und transportiert Abfallstoffe ab. Das Blut regelt auch die Temperatur, den pH- Wert und die Elektrolytkonzentration. Ausserdem ist es für das Immunsystem von zentraler Bedeutung.

*Wo und wie erfahre ich meine Blutgruppenzugehörigkeit?*
Ihre Blutgruppe finden Sie im Blutspendeausweis oder als Mutter oder Schwangere im Mutterschaftspass. Fragen Sie im Zweifelsfall Ihren Arzt nach Ihrer Blutgruppe oder lassen Sie sie durch ihn bestimmen.

## Der Zusammenhang zwischen Blutgruppe und Ernährung

Zwischen dem Blut des Menschen und der ihm zugeführten Nahrung kommt es zu einer chemischen Reaktion. Diese Beobachtung machte der Vater von Dr. D'Adamo in seiner ärztlichen Praxis. Er stellte einen Zusammenhang zwischen bestimmten Blutgruppen und der Anfälligkeit für Krankheiten fest.

Bestimmte Nahrungsmittel taten bestimmten Bluttypen offensichtlich nicht gut. Dies wird durch das Vorhandensein von Eiweiss-Lektinen in den Nahrungsmitteln (Glykoproteine, v.a. in Hülsenfrüchten, Fischen, Meeresfrüchten, Getreide und Gemüsen) bewirkt. Diese Lektine kommen in den Nahrungsmitteln in unterschiedlichen Mengen vor. Die Lektine wirken bei den verschiedenen Bluttypen ähnlich wie die Antigene. Sie können, wenn sie von unserem Abwehrsystem als feindlich eingestuft werden, die gleichen Reaktionen auslösen wie die Antigene der Blutgruppen. Sie regen dann die Produktion von bestimmten Antikörpern an, die die Angreifer gezielt unschädlich machen. Die Folge sind nach Dr. D'Adamo u.a. Verklumpung oder sogar Zerstörung von Blutzellen. Dies wiederum hat einen Einfluss auf die Bekömmlichkeit der Nahrung und das Entstehen bestimmter Krankheitsbilder.

Damit ist kurz und stark vereinfacht erklärt, warum es auf bestimmte Lebensmittel verschiedene Reaktionen gibt. Genaueres können Sie dem Buch von Dr. Peter D'Adamo entnehmen.

**Lektine – «Antigene» in den Nahrungsmitteln**
Lektine sind Eiweissverbindungen unterschiedlicher chemischer Zusammensetzung, die in den Nahrungsmitteln vorkommen. Sie hemmen den störungsfreien Ablauf körpereigener Stoffwechselvorgänge und können, wenn sie vom Abwehrsystem als feindlich eingestuft werden, die gleichen Reaktionen provozieren wie Antikörper, die die Angreifer gezielt unschädlich machen. Dadurch beeinträchtigen sie die Verdauung, die Insulinproduktion, das gesamte Stoffwechselgeschehen und das hormonelle Gleichgewicht. Ein bekanntes und weit verbreitetes Lektin ist das Gluten im Getreide.

### Wirkung von schädlichen Lektinen

- Entzündung der Schleimhäute des Magen-Darm-Trakts
- Blähungen, Verhinderung des Verdauungsprozesses
- Verlangsamung der Stoffwechselprozesse
- Gewichtszunahme durch eingeschränkte Verwertung der Kalorien
- Erschöpfung und Müdigkeit nach den Mahlzeiten
- Behinderung der Nährstoffaufnahme durch den Organismus
- Beeinträchtigung der Insulinproduktion
- Disharmonien des Hormonhaushalts

Etwa 5% der Nahrungsmittel-Lektine gelangen durch die Verdauung ins Blut. Schon eine winzige Menge kann die oben erwähnten Reaktionen auslösen.

**Nachweis der schädlichen Wirkung bestimmter Nahrungsmittel**

Mit einer Urinuntersuchung («Indikan-Test») lässt sich feststellen, wie sehr der Darm mit Fäulnisprodukten belastet ist. Nimmt man regelmässig Nahrungsmittel mit den für die Blutgruppe belastenden Lektinen zu sich, kann der Organismus diese Produkte nur schlecht verdauen. Dies zeigt sich dann in einem hohen Indikan-Wert auf der Messskala.

Verzichtet man auf belastende Lebensmittel, ist der Indikan-Wert tief. Diesen Nachweis kann jedes medizinisch-technische Labor ohne grossen Aufwand erbringen.

Nach 14 Tagen Testessen entsprechend Ihrer Blutgruppe sollte das Resultat auf der Messskala deutlich sichtbar sein.

Anmerkung der Autoren: Dieser in allen Büchern zum Thema der Ernährung nach der Blutgruppe angegebene Test kann nach unseren Recherchen in jedem Labor durchgeführt werden, ist aber bei uns derzeit noch nicht gebräuchlich. Teststreifen zur Messung zuhause sind bis heute nicht im Handel erhältlich.

Das oberste Ziel der Blutgruppenernährung ist, die für die eigene Blutgruppe aggressivsten Lektine möglichst zu meiden.

## Einteilung der Lebensmittel in drei Kategorien

In der Ernährung nach den Blutgruppen werden die Lebensmittel in die folgenden drei Kategorieren eingeteilt:

- **Sehr bekömmlich** – diese Lebensmittel sind der Gesundheit besonders förderlich.
- **Neutral** – diese Lebensmittel sind verträglich und geeignet für eine ausgewogene Ernährung.
- **Zu meiden** – diese Lebensmittel sind für die entsprechende Blutgruppe der Gesundheit abträglich – sie können die Gesundheit negativ beeinträchtigen (je nach verzehrter Menge und Häufigkeit).

Das Bevorzugen von bekömmlichen Lebensmitteln und das Weglassen von den zu meidenden Lebensmitteln wirkt sich positiv auf das Verdauungs- und Immunsystem aus. Das wiederum wirkt sich positiv auf das gesamte Wohlbefinden, Aussehen und schliesslich auch auf das Gewicht aus.

Wer dagegen seinen Körper ständig mit weniger bekömmlichen Lebensmitteln konfrontiert, beansprucht damit sein Immunsystem und Verdauungsystem übermässig stark, was je nach persönlicher Konstitution gesundheitliche Probleme und Übergewicht begünstigen kann.

**Nahrungsmittel als Heilmittel**

- Lebensmittel, die sehr bekömmlich sind, wirken im Körper wie eine Arznei.
- Neutrale Lebensmittel dienen als Nahrung ohne spezifische Wirkung auf den Organismus.
- Lebensmittel, die zu meiden sind, wirken toxisch auf den Organismus. Dies umso mehr, je öfter sie gegessen werden und je grösser die verzehrten Mengen sind.

Entscheidend für die Wirkung ist immer die persönliche Konstitution, die Dauer des Konsums und die konsumierte Menge eines Lebensmittels.

Die Ernährung nach den Blutgruppen empfiehlt für jede Blutgruppe besonders bekömmliche und weniger bekömmliche Lebensmittel. Es gibt aber keine Verbote, sondern nur Empfehlungen. Die Lebensfreude soll trotz aller Ernährungsempfehlungen niemals vernachlässigt werden. Ausserdem ist klar: Je mehr gesundheitliche Probleme bereits vorliegen, desto mehr sollte man sich an die Empfehlungen halten; dadurch wird das Immunsystem automatisch gestärkt bzw. der Stoffwechsel entlastet.

## Das Wichtigste für Blutgruppe 0

*Der Arzt ist ein unglücklicher Mann, von dem man alle Tage verlangt, dass er Wunder wirke, nämlich das, die Gesundheit und Unmässigkeit miteinander in Einklang zu bringen.* Voltaire

Blutgruppe 0 ist die älteste und die weltweit am häufigsten vertretene Blutgruppe, gefolgt vom Typ A. Die Blutgruppe 0 geht bis auf unsere Vorfahren der Cromagnon-Rasse zurück.

Der Mensch mit Blutgruppe 0, der einstige Jäger und Sammler, ist der klassische Fleischesser. Er hat ein kräftiges, widerstandsfähiges Immunsystem und einen robusten Verdauungstrakt. Er besitzt relativ viel Magensäure und ist deshalb in der Lage, eine eiweissreiche, fleischbetonte Nahrung gut zu verstoffwechseln.

Das bedeutet nicht zwingend, dass Menschen mit der Blutgruppe 0 jeden Tag grosse Mengen Fleisch essen müssen. Tatsache aber ist, dass der 0-Typ leistungsfähiger und fitter ist, wenn er regelmässig, bis zu fünf Mal pro Woche eine kleine Menge von ca. 120 g Fleisch oder Fisch (tierisches Eiweiss) auf seinen Speiseplan setzt. Daneben ist für Menschen mit der Blutgruppe 0 auch regelmässige körperliche Bewegung für ihr Wohlbefinden entscheidend.

*Fleisch ja, aber die richtige Qualität*
Heute wird von Ernährungsfachleuten oft von einem zu reichlichen Verzehr von tierischem Eiweiss abgeraten. Denn dieses begünstigt durch den Gehalt an gesättigten Fetten auch die Entstehung von Herz-Kreislauf-Erkrankungen und Krebs. Dr. D'Adamo betont daher ausdrücklich die Bedeutung der Fleischqualität. Er schreibt: «Ob die 0-Typ-Diät Erfolg hat, hängt davon ab, ob man magere, von chemischen Zusätzen freie Fleisch-, Geflügel- und Fischprodukte konsumiert.»

*Mit Getreide und Milchprodukte nicht übertreiben*
Für den 0-Typ sind Milch- und Getreideprodukte nicht so gut verträglich wie für die meisten Menschen der übrigen Blutgruppen, da sich ihr Verdauungsapparat noch immer nicht vollständig auf diese Nahrungsmittel eingestellt hat. Diese Nahrungsmittel wurden erst zu einem viel späteren Zeitpunkt der Entwicklungsgeschichte der Menschheit zum Hauptnahrungsmittel.

**Lebensmittelempfehlungen für Blutgruppe 0**

Richtwerte in Mengen/Portionen Rohgewicht pro Tag und Woche

| | *pro Woche* | *pro Tag bzw. Portion* |
|---|---|---|
| Fleisch | 4–6 Portionen | 120–180 g |
| Geflügel | 2–3 Portionen | 120 g |
| Fisch und Meeresfrüchte | 3–5 Portionen | 120–180 g |

Entweder mehr Fleisch oder mehr Fisch, aber nicht beides zusammen!
Fleisch und Fisch immer mit reichlich Gemüse, Salat und/oder Obst kombiniert essen!

| | | |
|---|---|---|
| Milchprodukte: | | |
| Eier | 3–4 Stück | |
| Käse | 0–3 Portionen | 60 g |
| Joghurt | 0–3 Portionen | 100–180 g |
| Milch | 0–1 Portion | 125–200 ml |

| | | |
|---|---|---|
| Öle und Fette: v.a. Olivenöl | 7 Portionen | 2 EL |
| Nüsse/Samen | 3–4 Portionen | 1 EL |
| Hülsenfrüchte | 1–2 Portionen | 80 g Rohgewicht |
| Getreideflocken | 2–3 Portionen | 30–80 g |
| Brot | täglich nur Essener Brot | |
| Getreide | 0–3 Portionen | 80–100 g |
| Pasta (nur aus Dinkel!) | 0–3 Portionen | 100 g |
| Gemüse | täglich reichlich ohne Einschränkung | |
| Obst | täglich 3–4 Portionen | 120–150 g pro Portion |
| Flüssigkeit (Kaffee und Cola meiden! Bier, Rotwein, Weisswein sind neutral) | täglich reichlich | |

### Der 0-Typ in Kürze: Der Jäger und Fleischesser

- Fleischesser
- robuster Verdauungstrakt
- überaktives Immunsystem
- Reagiert überempfindlich auf Umstellungen in Ernährung und Umwelt.
- Begegnet Stress am besten mit starker körperlicher Anstrengung.
- Benötigt einen leistungsfähigen Stoffwechsel, um schlank und energiegeladen zu bleiben.

*Fisch – ideale Nahrung für Menschen mit Blutgruppe 0*

Menschen mit Blutgruppe 0 sollten regelmässig Fisch, vor allem Meerfisch, essen. Denn sie benötigen dringend das in diesem enthaltene Jod. Verwenden Sie zum Würzen daher auch Kräutersalz mit Algen aus dem Reformhandel, es enthält ebenfalls natürliches Jod. (Zum Fisch beachten Sie den Hinweis auf Seite 115.)

*Reichlich Gemüse und Salate*

Essen Sie täglich reichlich von den bekömmlichen und neutralen Gemüsen und Salaten und verwenden Sie reichlich Kräuter. Damit schaffen Sie auch den nötigen basischen Ausgleich zur Säure bildenden Fleisch- und Fischkost. Ausserdem liefert das Gemüse die nötigen Vitalstoffe und reichlich Antioxidantien.

*Früchte*

Alle empfohlenen Früchte sollten in ausreichender Menge gegessen werden. Auch getrocknete Früchte sind zu empfehlen, sie liefern ebenfalls wichtige Basen. Bevorzugen Sie biologisch gezogene Früchte der jeweiligen Saison und achten Sie immer darauf, nur gut ausgereifte Früchte zu essen.

Ideale Lebensmittel für Blutgruppe 0:
Grünkohl, Spinat, Broccoli, Fisch, Meeresfrüchte, Lamm und Rindfleisch, Hirsch und Reh

Lebensmittel, die bei Blutgruppe 0 zu meiden sind:
Blumenkohl, Linsen, Mais, Rosenkohl, Weisskohl, Gluten aus Weizen

Regelmässige Bewegung ist wichtig für das Wohlbefinden. Empfohlene Sportarten sind:
Aerobic, Schwimmen, Joggen, Gewichtstraining, Step-Geräte, Treppensteigen, Kampfsportarten, Spielsportarten, Velofahren, Gymnastik, Walking (schnelles Gehen), Tanzen, Inline-Skating, Eislaufen

### Tipps zum Abnehmen mit Blutgruppe 0

Empfehlungen:
- Essen Sie weniger Getreide.
- Essen Sie weniger Brot.
- Essen Sie weniger Hülsenfrüchte und Bohnen.
- Meiden Sie vor allem Weizen und Produkte, die Weizen enthalten. (Gluten behindert den Insulinstoffwechsel, wodurch die Kalorien nur langsam verbrannt werden.)
- Essen Sie genug Gemüse, Salate und Obst.
- Verwenden Sie Fett sparsam, bevorzugen Sie Olivenöl.
- Sie dürfen eine leichte Übersäuerung (Azidität) haben, das beschleunigt die Kalorienverbrennung.

### Calciumversorgung bei Blutgruppe 0

Da Personen mit der Blutgruppe 0 kaum Milch- und Milchprodukte verwenden sollten, taucht immer wieder die Frage nach der Calciumversorgung auf. Calcium findet sich aber nicht nur in Milch und Milchprodukten (100 ml Milch enthalten 120 mg Calcium), vielmehr enthalten auch folgende Lebensmittel reichlich Calcium und sollten daher regelmässig in den Speiseplan integriert werden:

Calciumgehalt einiger ausgewählter Lebensmittel:

| *Jeweils 100 g* | *Calcium* |
|---|---|
| Tofu | 130 mg |
| Mandeln | 250 mg |
| Haselnüsse | 225 mg |
| Hülsenfrüchte | 100 mg |
| Gemüse | durchschnittlich 50 mg |
| Grüne Bohnen | 60 mg |
| Fenchel | 100 mg |
| Broccoli | 105 mg |
| Löwenzahn | 173 mg |
| Grünkohl | 212 mg |
| Sojasprossen | 42 mg |
| Karotten | 41 mg |
| Lauch | 87 mg |
| Spinat | 126 mg |
| Getrocknete Aprikosen | 82 mg |
| Getrocknete Feigen | 190 mg |
| Beeren | 40 mg |
| Melasse | 1000 mg |
| Dinkelbrot | 60 mg |
| Sesamsamen | 780 mg |
| Sesammus | 780 mg |

- **Küchenkräuter** enthalten ebenfalls reichlich Calcium
- Beim **Gemüse** sind vor allem Lauch, Broccoli und Federkohl, aber auch Löwenzahn, Fenchel, Spinat und Sprossen zu empfehlen.
- Bei den **Früchten** sind Feigen, Rosinen, Oliven und Brombeeren zu empfehlen.

Zur Vorbeugung von Osteoporose spielt neben einer ausgewogenen Ernährung auch die Bewegung eine wichtige Rolle. Ausserdem gilt es weitere Risikofaktoren wie zu viel Kaffee, Nikotin, zu viel Alkohol, zu viel Phosphor aus Fleisch und Wurstwaren sowie Schmelzsalze in Käse zu meiden. Ganzheitlich betrachtet ist Osteoporose keine reine Calciummangelkrankheit. (Lesetipp: J. Fessel und M. Sulzberger, Osteoporose-Kochbuch, AT Verlag.)

## Das Wichtigste für Blutgruppe A

*Wer sich die Gesundheit erwerben will, der muss sich von der Menge der Menschen trennen. Denn die Masse geht immer den Weg gegen die reine Vernunft und versucht immer, ihre Leiden und Schwächen zu verbergen. Lasst uns nie fragen, was ist das Übliche, sondern was ist das Beste.*

Lucius Annaeus Seneca (um 4 v. Chr. bis 65 n. Chr.)

Aus der Blutgruppe 0 entwickelte sich in der Zeit von 25000 bis 15000 v. Chr. die Blutgruppe A, sozusagen als Antwort auf die veränderte Lebensweise der Menschen, die sesshaft wurden, Vorräte anzulegen und Nahrungsmittel selbst zu erzeugen begannen (Landwirtschaft, Bauern). Das Immunsystem und das Verdauungssystem passten sich der nun vorwiegend pflanzlichen Ernährung an, sie wurde ergänzt durch Nahrung aus Seen, Flüssen und Meeren.

Der Verdauungstrakt und das Immunsystem von Menschen mit Blutgruppe A ist sehr empfindlich. Sie vertragen daher eine überwiegend pflanzliche Nahrung besser als eine Fleischkost. Sie haben auch meist zu wenig Magensäure. **Der Pflanzenköstler– der Landwirt – ist der natürliche Vegetarier.**

**Lebensmittelempfehlungen für Blutgruppe A**

Richtwerte in Mengen/Portionen Rohgewicht pro Tag und Woche

| | *pro Woche* | *pro Tag bzw. Portion* |
|---|---|---|
| Fleisch | keine Sorte bekömmlich! | |
| Geflügel | 0–3 Portionen | 60–150 g |
| Fisch und Meeresfrüchte | 1–4 Portionen | 100–180 g |
| | | |
| Milchprodukte: | | |
| Eier | 1–3 Stück | |
| Käse | 2–4 Portionen | 60 g |
| Joghurt | 1–3 Portionen | 120–180 g |
| Milch | 0–4 Portionen | 125–200 ml |
| | | |
| Öle und Fette (v. a. Olivenöl) | 7 Portionen | 2 EL |
| Nüsse/Samen | 5 Portionen | 1 EL |
| Hülsenfrüchte | 3–6 Portionen | 50 g |
| Getreideflocken | 5–9 Portionen | 30–80 g |
| Brot | täglich 1–2 Scheiben | |
| Getreide | 2–4 Portionen | 80–100 g |
| Pasta | 2–4 Portionen | 100 g |
| Gemüse | täglich reichlich ohne Einschränkung | |
| Obst | täglich 3–4 Portionen | 120–150 g |
| Flüssigkeit (Wasser, Grüntee sehr zu empfehlen; Bohnenkaffee verträglich, Rotwein mit Mass) | täglich reichlich | |

**Der A-Typ in Kürze: Der Landwirt**

- Der erste Vegetarier.
- Er erntet, was er sät.
- empfindlicher Magen-Darm-Trakt
- tolerantes Immunsystem
- Passt sich festen Ernährungs- und Umweltbedingungen gut an.
- Reagiert auf Stress am besten durch innere Ruhe.
- Braucht eine pflanzliche Kost, um schlank und produktiv zu bleiben.

Ideale Lebensmittel für Blutgruppe A:
Ananas, Gemüse, Früchte, Sojaprodukte und Olivenöl

Lebensmittel, die bei Blutgruppe A zu meiden sind:
Fleisch, Milchprodukte, zu viel Weizen, Limabohnen, Kidneybohnen

Empfohlene körperliche Betätigung für Menschen mit Blutgruppe A:
Tai Chi, Yoga, Golf, Velofahren, schnelles Gehen (Walken), Tanzen, Schwimmen, Aerobic, Stretching

**Tipps zum Abnehmen mit Blutgruppe A**

- Meiden Sie Fleisch!
  Das tierische Eiweiss bremst den Stoffwechsel – Fleisch macht den A-Typ müde und träge. Eiweiss aus Fleisch zu verdauen ist für ihn aufgrund des Mangels an Magensaft Schwerarbeit.
- Essen Sie nur wenig Weizen, bevorzugen Sie Dinkel.
- Achten Sie auf einen Basenüberschuss, denn bei übersäuertem Gewebe verlangsamt sich der Stoffwechsel und das begünstigt Übergewicht.
- Essen Sie reichlich Gemüse, Salate und Früchte.
- Essen Sie fettarm und bevorzugen Sie Olivenöl.

**Calciumversorgung bei Blutgruppe A**
Siehe dazu die Ausführungen zur Blutgruppe 0 auf Seite 18–19.

## Prioritäten setzen

Es ist aus verschiedenen Gründen oft nicht möglich, sich strikte an die Empfehlungen der Blutgruppenernährung zu halten. Versuchen Sie aber die folgende Grundregel einzuhalten – damit können Sie bereits viel erreichen:

**Blutgruppe 0**
Essen Sie drei bis vier Mal pro Woche wenig Fleisch oder Fisch und verbannen Sie Weizen von Ihrem Speiseplan. Bevorzugen Sie Dinkel, essen Sie reichlich Gemüse und Früchte und nur wenig Milchprodukte.
*Tendenz:* Trennkost mit reichlich Gemüse, Salaten, Fleisch und Fisch, wenig Kohlenhydrate aus Getreide.

**Blutgruppe A**
Ersetzen Sie Fleisch durch pflanzliches Eiweiss in Form von Soja, Tofu, Hülsenfrüchten und Getreide. Essen Sie möglichst wenig Weizen und übertreiben Sie nicht mit Milchprodukten.
*Tendenz:* Überwiegend vegetabile Vollwertkost mit wenig Milchprodukten.

# Praktische Hinweise zum Gebrauch dieses Buches

In der folgenden Lebensmittelliste finden Sie, geordnet nach Nahrungsmittelgruppen und jeweils unterteilt in «sehr bekömmlich», «neutral» und «zu vermeiden», sämtliche gängigen Lebensmittel. Durch einen farbigen Balken hervorgehoben sind jene Produkte, die für 0 und A gleich zu bewerten sind, sei es, dass sie für beide Blutgruppen besonders bekömmlich sind, dass sie für beide neutral oder für beide zu meiden sind.

Die Rezepte sind so konzipiert, dass sie sich grundsätzlich für beide Blutgruppen 0 und A eignen. Vereinzelt bedarf es für die eine oder andere Blutgruppe einer geringfügigen Anpassung des Rezepts; diese ist jeweils am Anfang des Rezepts vermerkt.

Ab und zu werden Sie in einem Rezept eine Zutat finden, die Sie gemäss den Empfehlungen besser meiden sollten. Meist aber handelt es sich dabei um sehr kleine Mengen (z. B. ein Gewürz), die Sie, wenn Sie gesund sind und sich sonst an die Empfehlungen halten, ohne gesundheitliche Probleme vertragen werden.

# Lebensmittelliste für 0 und A

| Besonders bekömmliche, empfehlenswerte Lebensmittel für 0 und A auf einen Blick | Problematische Lebensmittel für 0 und A auf einen Blick |
|---|---|
| Broccoli | Blauschimmelkäse |
| Chicorée | Camembert |
| Dorsch/Kabeljau | Chinakohl |
| Essener Brot (siehe Seite 115) | Distelöl |
| Feigen | Edamer |
| Grünes Blattgemüse | Emmentaler |
| Grünkohl/Federkohl | Essig |
| Ingwer | Frischkäse aus Kuhmilch (z.B. Hüttenkäse) |
| Kirschsaft | Gans |
| Knoblauch | Gouda |
| Lattich/Romana-Salat | Honigmelone |
| Löwenzahn | Kapern |
| Makrele | Kartoffeln |
| Meerrettich | Kokosnuss |
| Olivenöl extravergine | Maiskeimöl |
| Pastinaken | Mehrkornprodukte |
| Sardinen | Molke |
| Spinat | Oliven, schwarz |
| Zwiebeln | Orangensaft |
| | Pistazien |
| | Parmesan |
| | Räucherlachs |
| | Rhabarber |
| | Rotkohl |
| | Schweinefleisch |
| | Sesamöl |
| | Speiseeis |
| | Tomatenketchup |

| Nahrungsmittel | Blutgruppe 0 | Blutgruppe A |
|---|---|---|

## *Fleisch und Geflügel*

| Nahrungsmittel | Blutgruppe 0 | Blutgruppe A |
|---|---|---|
| sehr bekömmlich | Herz | |
| | Kalb | |
| | Lamm | |
| | Leber | |
| | Rind | |
| | Schaf | |
| | Wild | |
| neutral | Ente | |
| | Kaninchen | |
| | Poulet/Huhn | Poulet/Huhn |
| | Truthahn | Truthahn |
| zu vermeiden | | Ente |
| | Gans | Gans |
| | | Herz |
| | | Kalb |
| | | Kaninchen |
| | | Lamm |
| | | Leber |
| | | Rind |
| | | Schaf |
| | Schinken/Speck | Schinken/Speck |
| | Schwein | Schwein |
| | | Wild |

## *Fisch und Meeresfrüchte*

| Nahrungsmittel | Blutgruppe 0 | Blutgruppe A |
|---|---|---|
| sehr bekömmlich | Alse (Maifisch) | Barramunda |
| | Felchen | Felchen |
| | Flussbarsch | Flussbarsch |
| | Hecht | |
| | Heilbutt | |
| | Hering | |
| | Kabeljau (Dorsch) | Kabeljau (Dorsch) |
| | | Karpfen |
| | Lachs | Lachs |
| | | Lachsforelle |
| | Makrele | Makrele |
| | Regenbogenforelle | Regenbogenforelle |
| | Roter Schnapper | Roter Schnapper |
| | Sardine | Sardine |
| | Schwertfisch | Seeteufel |
| | Seehecht | |
| | Seelachs | |
| | Seezunge | |
| | Stör | |
| | Streifenbarsch | Weinbergschnecke |
| | Weissfisch | Weissfisch |
| | | Zackenbarsch |
| neutral | Aal | |
| | Austern | |
| | Barramunda | |
| | Flunder | |
| | Flusskrebs | |
| | Froschschenkel | |
| | Garnelen (Crevetten) | |
| | Goldmakrele | Goldmakrele |
| | Hai | Hai |
| | Hummer | Hecht |
| | Jakobsmuscheln | |
| | Karpfen | |
| | Krabben | |
| | Lachsforelle | |
| | Meerbrasse | Meerbrasse |
| | Miesmuscheln | |
| | Rotbarsch (Goldbarsch) | Rotbarsch (Goldbarsch) |
| | Sardelle | |
| | Schellfisch | Schwertfisch |
| | Seeohr/Meerohr | Seeohr/Meerohr |
| | Seeteufel | |
| | Sonnenbarsch | |
| | Stint | Stint |
| | Tintenfisch (Kalmar) | Stör |
| | Venusmuscheln | |

| Nahrungsmittel | Blutgruppe 0 | Blutgruppe A |
|---|---|---|
| | Weinbergschnecke | |
| | Weisser Thunfisch | Weisser Thunfisch |
| | Wolfsbarsch (Seebarsch) | Wolfsbarsch (Seebarsch) |
| zu vermeiden | | Aal |
| | | Alse (Maifisch) |
| | | Austern |
| | Barrakuda (Pfeilhecht) | Barrakuda (Pfeilhecht) |
| | | Flunder |
| | | Flusskrebs |
| | | Froschschenkel |
| | | Garnelen (Crevetten) |
| | | Heilbutt |
| | | Hering |
| | | Hummer |
| | | Jakobsmuscheln |
| | Katzenfisch (Wels) | Katzenfisch (Wels) |
| | Kaviar | Kaviar |
| | | Krabben |
| | | Miesmuscheln |
| | Räucherlachs | Räucherlachs |
| | | Sardelle |
| | | Schellfisch |
| | | Seehecht |
| | | Seelachs |
| | | Seezunge |
| | | Sonnenbarsch |
| | | Tintenfisch (Kalmar) |
| | | Venusmuscheln |

*Milchprodukte und Eier*

| Nahrungsmittel | Blutgruppe 0 | Blutgruppe A |
|---|---|---|
| sehr bekömmlich | | Sojamilch |
| | | Tofu |
| neutral | Butter | |
| | Eier (3–4 pro Woche) | Eier (1–3 pro Woche) |
| | | Joghurt/Früchtejoghurt |
| | | Kefir |
| | Mozzarella | Mozzarella |
| | Quark (Schafmilch) | Quark (Schafmilch) |
| | | Ricotta |
| | Schafkäse/Feta | Schafkäse/Feta |
| | Sojamilch | Schafmilch |
| | Tofu | Schmelzkäse |
| | Ziegenkäse | Ziegenkäse |
| | | Ziegenmilch |
| zu vermeiden | Blauschimmelkäse | Blauschimmelkäse |
| | Brie | Brie |
| | | Butter |
| | Buttermilch | Buttermilch |
| | Camembert | Camembert |
| | Cheddar | Cheddar |
| | Edamer | Edamer |
| | Emmentaler | Emmentaler |
| | Frischkäse | Frischkäse |
| | Gouda | Gouda |
| | Greyerzer | Greyerzer |
| | Hüttenkäse | Hüttenkäse |
| | Joghurt/Früchtejoghurt | |
| | Kefir | |
| | Kuhmilch (jegliche) | Kuhmilch (jegliche) |
| | Molke | Molke |
| | Münster | Münster |
| | Parmesan | Parmesan |
| | Quark (Kuhmilch) | Quark (Kuhmilch) |
| | Ricotta | |
| | Schafmilch | |
| | Schmelzkäse | |
| | Sorbet und Rahmglace/-eis | Sorbet und Rahmglace/-eis |
| | Ziegenmilch | |

## *Öle und Fette* (unraffiniert, kaltgepresst, möglichst biologisch)

| Nahrungsmittel | Blutgruppe 0 | Blutgruppe A |
|---|---|---|
| sehr bekömmlich | Kürbiskernöl | Kürbiskernöl |
| | Leinöl | Leinöl |
| | Olivenöl | Olivenöl |
| neutral | Lebertran | Lebertran |
| | Rapsöl | Rapsöl |
| | Sesamöl | Sesamöl |
| | Sonnenblumenöl | Sonnenblumenöl |
| zu vermeiden | Distelöl | Distelöl |
| | Erdnussöl | Erdnussöl |
| | Maiskeimöl | Maiskeimöl |

## *Nüsse und Samen*

| Nahrungsmittel | Blutgruppe 0 | Blutgruppe A |
|---|---|---|
| sehr bekömmlich | Baumnüsse | Erdnüsse |
| | | Erdnussmus/-butter |
| | Kürbiskerne | Kürbiskerne |
| | Leinsamen | Leinsamen |
| neutral | | Baumnüsse |
| | Haselnüsse | Haselnüsse |
| | Kastanien | Kastanien |
| | Macadamianüsse | Macadamianüsse |
| | Mandeln/Mandelmus | Mandeln/Mandelmus |
| | Pekannüsse | Mohnsamen |
| | Pinienkerne | Pinienkerne |
| | Sesammus (Tahin) | Sesammus (Tahin) |
| | Sesamsamen | Sesamsamen |
| | Sonnenblumenkerne | Sonnenblumenkerne |
| zu vermeiden | Cashewnüsse | Cashewnüsse |
| | Erdnüsse | |
| | Erdnussmus/-butter | |
| | Mohnsamen | |
| | Paranüsse | Paranüsse |
| | Pistazien | Pistazien |

## *Bohnen und Hülsenfrüchte*

| Nahrungsmittel | Blutgruppe 0 | Blutgruppe A |
|---|---|---|
| sehr bekömmlich | Augenbohnen | Augenbohnen |
| | Azukibohnen | Azukibohnen |
| | | Linsen |
| | Pintobohnen | Pintobohnen |
| | | Schwarze Bohnen |
| | | Sojabohnen |
| neutral | Ackerbohnen | Ackerbohnen |
| | Cannelinobohnen | Cannelinobohnen |
| | Kichererbsen | |
| | Limabohnen | |
| | Puffbohnen (Saubohnen) | Puffbohnen (Saubohnen) |
| | Rote Bohnen | |
| | Schwarze Bohnen | |
| | Sojabohnen | |
| | Weisse Bohnen | Weisse Bohnen |
| zu vermeiden | | Kichererbsen |
| | Kidneybohnen | Kidneybohnen |
| | Linsen | Limabohnen |
| | Perlbohnen | Perlbohnen |
| | | Rote Bohnen |

## *Getreide, Flocken, Mehl*

| Nahrungsmittel | Blutgruppe 0 | Blutgruppe A |
|---|---|---|
| sehr bekömmlich | | Amaranth |
| | | Buchweizen |
| | | Kascha |
| | | Soja |
| neutral | Amaranth | |
| | Buchweizen | |
| | Bulgur (Dinkel) | Bulgur (Dinkel) |
| | | Cornflakes |
| | Couscous (Dinkel) | Couscous (Dinkel) |
| | Dinkel | Dinkel |
| | Gerste | Gerste |
| | | Hafer |

| Nahrungsmittel | Blutgruppe 0 | Blutgruppe A |
|---|---|---|
| | Hirse | Hirse |
| | Kamut | Kamut |
| | Kascha | Kascha |
| | | Mais/Maismehl |
| | Quinoa | Quinoa |
| | Reis/Wildreis | Reis/Wildreis |
| | Roggen | Roggen |
| | Soja | |
| | Teigwaren (Dinkel) | Teigwaren (Dinkel) |
| zu vermeiden | Bulgur (Weizen) | Bulgur (Weizen) |
| | Cornflakes | |
| | Couscous (Weizen) | Couscous (Weizen) |
| | Hafer | |
| | Mais/Maismehl | Mehrkornflocken |
| | Teigwaren (Hartweizen) | Teigwaren (Hartweizen) |
| | Weizen | Weizen |

### *Brot und Gebäck*

| | | |
|---|---|---|
| sehr bekömmlich | Essener Brot | Essener Brot |
| | Ojasbrot (Dinkel) | Ojasbrot (Dinkel) |
| | | Reiswaffeln |
| | | Sojabrot |
| neutral | Dinkelbrot (rein) | Dinkelbrot (rein) |
| | Glutenfreies Brot | Glutenfreies Brot |
| | | Haferkleiebrot |
| | Hirsebrot | Hirsebrot |
| | Knäckebrot (Roggen, Dinkel, Amaranth) | Knäckebrot (Roggen, Dinkel, Amaranth) |
| | Reiswaffeln | Maisbrot |
| | Roggenbrot | Roggenbrot |
| | Sojabrot | |
| | Vollreisbrot | Vollreisbrot |
| | Zwieback (Dinkel) | Zwieback (Dinkel) |

| Nahrungsmittel | Blutgruppe 0 | Blutgruppe A |
|---|---|---|
| zu vermeiden | Haferkleiebrot | |
| | Maisbrot | |
| | Mehrkornbrot | Mehrkornbrot |
| | Pumpernickel (Weizen) | Pumpernickel (Weizen) |
| | Weizenbrot | Weizenbrot |

### *Gemüse*

| | | |
|---|---|---|
| sehr bekömmlich | Algen | Alfalfasprossen |
| | Artischocken | Artischocken |
| | Bohnen | Bohnen |
| | Broccoli | Broccoli |
| | Chicorée | Chicorée |
| | Cima di Rapa/ Stengelkohl | Cima di Rapa/ Stengelkohl |
| | Federkohl | Federkohl |
| | Gemüsezwiebeln | Gemüsezwiebeln |
| | Grünkohl | Grünkohl |
| | Ingwer | Ingwer |
| | | Karotten |
| | Knoblauch | Knoblauch |
| | Kohlrabi | Kohlrabi |
| | Kürbis | Kürbis |
| | Lattich | Lattich |
| | Lauch | Lauch |
| | Löwenzahn | Löwenzahn |
| | Mangold | Mangold |
| | Meerrettich | Meerrettich |
| | Okra (Gumbofrucht) | Okra (Gumbofrucht) |
| | Pastinaken | Pastinaken |
| | Peperoni/Paprikaschoten (rot) | |
| | Petersilie | Petersilie |
| | Spinat | Spinat |
| | Süsskartoffeln | Tempeh |
| | | Tofu |
| | Topinambur | Topinambur |
| | Weisse Rüben | Weisse Rüben |
| | Zwiebeln | Zwiebeln |

| Nahrungsmittel | Blutgruppe 0 | Blutgruppe A |
|---|---|---|
| neutral | | Algen |
| | Austernpilze | Austernpilze |
| | | Avocado |
| | Bambussprossen | Bambussprossen |
| | | Blumenkohl |
| | Brunnenkresse | Brunnenkresse |
| | Champignons | Champignons |
| | Chilischoten | |
| | Daikon (jap. Rettich) | Daikon (jap. Rettich) |
| | Eisbergsalat | Eisbergsalat |
| | Endivie | Endivie |
| | Erbsen | Erbsen |
| | Fenchel | Fenchel |
| | Frühlingszwiebeln | Frühlingszwiebeln |
| | Gurke | Gurke |
| | Karotten | |
| | Kastanien | Kastanien |
| | Kefen/Zuckerschoten | Kefen/Zuckerschoten |
| | Kopfsalat | Kopfsalat |
| | | Mais (gelb, weiss) |
| | Mungbohnen/-sprossen | Mungbohnen/-sprossen |
| | Nüsslisalat/Feldsalat | Nüsslisalat/Feldsalat |
| | Oliven (grün) | Oliven (grün) |
| | Pak-choi | Pak-choi |
| | Peperoni/Paprikaschoten (gelb, grün) | |
| | Pfifferlinge/ Eierschwämme | Pfifferlinge/ Eierschwämme |
| | Radicchio | Radicchio |
| | Radieschen/-sprossen | Radieschen/-sprossen |
| | Randen/Rote Bete | Randen/Rote Bete |
| | Rettich/-sprossen | Rettich/-sprossen |
| | | Rosenkohl |
| | Rucola | Rucola |
| | Schalotten | Schalotten |
| | Sellerie | Sellerie |
| | | Senfkohlblätter |
| | Spargel | Spargel |

| Nahrungsmittel | Blutgruppe 0 | Blutgruppe A |
|---|---|---|
| | Stangensellerie | Stangensellerie |
| | Tempeh | |
| | Tofu | |
| | Tomaten | |
| | Yamswurzeln | |
| | Zucchetti/Zucchini | Zucchetti/Zucchini |
| zu vermeiden | Alfalfasprossen | |
| | Aubergine | Aubergine |
| | Avocado | |
| | Blumenkohl | Chilischoten |
| | Chinakohl | Chinakohl |
| | Kartoffeln | Kartoffeln |
| | Mais (gelb, weiss) | |
| | Oliven (schwarz) | Oliven (schwarz) |
| | Rosenkohl | Peperoni/Paprikaschoten (gelb, grün, rot) |
| | Rotkohl | Rotkohl |
| | Senfkohlblätter | Süsskartoffeln |
| | Shiitakepilze | Shiitakepilze |
| | | Tomaten |
| | Weisskohl/Kabis | Weisskohl/Kabis |
| | | Yamswurzeln |

### *Obst*

| Nahrungsmittel | Blutgruppe 0 | Blutgruppe A |
|---|---|---|
| sehr bekömmlich | | Ananas |
| | | Aprikosen |
| | | Brombeeren |
| | Feigen (frische/getrocknete) | Feigen (frische/getrocknete) |
| | | Grapefruits |
| | | Kirschen |
| | Pflaumen (frische/getrocknete) | Pflaumen (frische/getrocknete) |
| | | Preiselbeeren |
| | | Rosinen |

| Nahrungsmittel | Blutgruppe 0 | Blutgruppe A |
|---|---|---|
| neutral | Äpfel | Äpfel |
| | Ananas | |
| | Aprikosen | |
| | Bananen | |
| | Birnen | Birnen |
| | Datteln | Datteln |
| | | Erdbeeren |
| | Granatäpfel | Granatäpfel |
| | Grapefruits | |
| | Guaven | Guaven |
| | Himbeeren | Himbeeren |
| | Holunderbeeren | Holunderbeeren |
| | Johannisbeeren (rot, schwarz) | Johannisbeeren (rot, schwarz) |
| | Kakis | Kakis |
| | Kaktusfeigen | Kaktusfeigen |
| | Karambolen (Sternfrucht) | Karambolen (Sternfrucht) |
| | Kirschen | |
| | Kiwis | Kiwis |
| | Kumquats | Kumquats |
| | Limetten | Limetten |
| | Mangos | Lychees |
| | Nektarinen | Nektarinen |
| | Papayas | |
| | Pfirsiche | Pfirsiche |
| | Preiselbeeren | |
| | Quitten | Quitten |
| | Rosinen | Rosinen |
| | Stachelbeeren | Stachelbeeren |
| | Wassermelonen | Wassermelonen |
| | Weintrauben | Weintrauben |
| | Zitronen | Zitronen |
| zu vermeiden | Brombeeren | Bananen |
| | Erdbeeren | |
| | Kochbananen | Kochbananen |
| | Kokosnüsse | Kokosnüsse |

| Nahrungsmittel | Blutgruppe 0 | Blutgruppe A |
|---|---|---|
| | Lychees | |
| | Mandarinen | Mandarinen |
| | | Mangos |
| | Melonen | Melonen |
| | Orangen | Orangen |
| | | Papayas |
| | Rhabarber | Rhabarber |

### *Säfte und Flüssigkeiten*

| | | |
|---|---|---|
| sehr bekömmlich | Ananassaft | Ananassaft |
| | | Aprikosensaft |
| | | Grapefruitsaft |
| | | Karottensaft |
| | Kirschsaft (aus Herzkirschen) | Kirschsaft (aus Herzkirschen) |
| | Pflaumensaft | Pflaumensaft |
| | | Selleriesaft |
| neutral | Aprikosensaft | Apfelmost/Apfelsaft |
| | Gemüsesaft (aus den bekömmlichen Gemüsen) | Gemüsesaft (aus den bekömmlichen Gemüsen) |
| | Grapefruitsaft | |
| | Papayasaft | |
| | Preiselbeersaft | Preiselbeersaft |
| | Traubensaft | Traubensaft |
| zu vermeiden | Apfelmost/Apfelsaft | |
| | Kohlsaft | |
| | Orangensaft | Orangensaft |
| | | Papayasaft |
| | | Tomatensaft |

### *Kräutertees*

| | | |
|---|---|---|
| sehr bekömmlich | | Alfalfa |
| | | Aloe |
| | | Baldrian |
| | Bockshornklee | Bockshornklee |

| Nahrungsmittel | Blutgruppe 0 | Blutgruppe A |
|---|---|---|
| | | Ginseng |
| | | Grosse Klette |
| | | Grüner Tee |
| | Hagebutte | Hagebutte |
| | Hopfen | |
| | Ingwer | Ingwer |
| | Lindenblüte | Johanniskraut |
| | Löwenzahn | Kamille |
| | Maulbeere | Mariendistel |
| | Petersilie | |
| | Pfefferminze | |
| | Rotulmenrinde | Rotulmenrinde |
| | Sarsaparille | Sonnenhut (Echinacea) |
| | Vogelmiere | Weissdorn |
| neutral | Baldrian | |
| | Eisenkraut | Eisenkraut |
| | Engelwurz | Engelwurz |
| | | Enzian |
| | | Erdbeerblatt |
| | Ginseng | Gelbwurz/Kurkuma |
| | Grüne Minze | Grüne Minze |
| | Grüner Tee | |
| | Helmkraut | Helmkraut |
| | Himbeerblätter | Himbeerblätter |
| | | Hirtentäschel |
| | Holunder | Holunder |
| | Kamille | Hopfen |
| | Katzenminze | Huflattich |
| | Königskerze | Königskerze |
| | | Lindenblüte |
| | | Löwenzahn |
| | | Maulbeere |
| | | Petersilie |
| | | Pfefferminze |
| | Pu Erh | Pu Erh |
| | Rooibusch | Rooibusch |
| | Salbei | Salbei |

| Nahrungsmittel | Blutgruppe 0 | Blutgruppe A |
|---|---|---|
| | | Sarsaparille |
| | Schafgarbe | Schafgarbe |
| | | Sennesblätter |
| | Süssholzwurzel | Süssholzwurzel |
| | Thymian | Thymian |
| | | Vogelmiere |
| | Weissbirke | Weissbirke |
| | Weissdorn | |
| | Weisseichenrinde | Weisseichenrinde |
| | Weisser Andorn | Weisser Andorn |
| zu vermeiden | Alfalfa | |
| | Aloe | |
| | Enzian | |
| | Erdbeerblatt | |
| | Gelbwurz/Kurkuma | |
| | Grosse Klette | |
| | Hirtentäschel | |
| | Huflattich | |
| | Johanniskraut | Katzenminze |
| | Krauser Ampfer | Krauser Ampfer |
| | Maisgriffel | |
| | Rhabarber | |
| | Rotklee | Rotklee |
| | Sennesblätter | |
| | Sonnenhut (Echinacea) | |

### *Diverse Getränke*

| | | |
|---|---|---|
| sehr bekömmlich | | Bohnenkaffee |
| | | Grüner Tee |
| | | Kaffee, koffeinfrei |
| | Mineralwasser | Rotwein |
| | Stilles Wasser | Stilles Wasser |
| neutral | Bier | |
| | Grüner Tee | |
| | Rotwein | |
| | Weisswein | Weisswein |

| Nahrungsmittel | Blutgruppe 0 | Blutgruppe A |
|---|---|---|
| zu vermeiden | Bohnenkaffee | Bier |
| | Colagetränke | Colagetränke |
| | Diätlimonade | Diätlimonade |
| | Kaffee, koffeinfrei | |
| | Limonade | Limonade |
| | | Mineralwasser |
| | Schwarzer Tee | Schwarzer Tee |
| | Spirituosen | Spirituosen |

*Kräuter, Gewürze und Verdickungsmittel*

| Nahrungsmittel | Blutgruppe 0 | Blutgruppe A |
|---|---|---|
| sehr bekömmlich | Carob | |
| | Cayennepfeffer | |
| | Curry | |
| | Gelbwurz/Kurkuma | Gerstenmalz |
| | Ingwer | Ingwer |
| | Knoblauch | Knoblauch |
| | Kombualgen | Melasse |
| | Petersilie | Miso (Sojapaste) |
| | Rotalgen | Sojasauce/Tamari |
| neutral | Agar-Agar | Agar-Agar |
| | Ahornsirup | Ahornsirup |
| | Anis | Anis |
| | Basilikum | Basilikum |
| | Bergamottöl | Bergamottöl |
| | Bohnenkraut | Bohnenkraut |
| | Chilischoten (rot) | Carob |
| | | Curry |
| | Dill | Dill |
| | Estragon | Estragon |
| | Galgant | Galgant |
| | Gelatine | Gelbwurz/Kurkuma |
| | Gerstenmalz | |
| | Gewürznelken | Gewürznelken |
| | Grüne Minze | Grüne Minze |
| | Honig | Honig |
| | Kardamom | Kardamom |
| | Kerbel | Kerbel |
| | | Kombualgen |
| | Koriander | Koriander |
| | Kreuzkümmel | Kreuzkümmel |
| | Kümmel | Kümmel |
| | Lorbeerblätter | Lorbeerblätter |
| | | Maissirup |
| | | Maisstärke |
| | Majoran | Majoran |
| | Mandelöl | Mandelöl |
| | Meerrettich | Meerrettich |
| | Melasse | Muskatnuss |
| | Miso (Sojapaste) | |
| | Naturreissirup | Naturreissirup |
| | Nelkenpulver | Nelkenpulver |
| | Oregano | Oregano |
| | Paprikapulver | Paprikapulver |
| | Pfeffer (rot) | Petersilie |
| | Pfefferminze | Pfefferminze |
| | Pfeilwurzmehl | Pfeilwurzmehl |
| | Piment | Piment |
| | Rosmarin | Rosmarin |
| | Safran | Safran |
| | Salbei | Salbei |
| | Salz | Salz |
| | Schnittlauch | Schnittlauch |
| | Senfpulver | Senfpulver |
| | Sojasauce/Tamari | |
| | Tamarinde | Tamarinde |
| | Tapioka | Tapioka |
| | Thymian | Thymian |
| | | Vanille/-extrakt |
| | Weinstein | Weinstein |
| | | Zimt |
| | Zucker (weiss, braun) | Zucker (weiss, braun) |
| | Zuckerrohrsaft | Zuckerrohrsaft |
| | Zuckerrübensaft | Zuckerrübensaft |

| Nahrungsmittel | Blutgruppe 0 | Blutgruppe A |
|---|---|---|
| zu vermeiden | Apfelessig | Apfelessig |
| | Balsamicoessig | Balsamicoessig |
| | | Chilischoten (rot) |
| | | Cayennepfeffer |
| | | Gelatine |
| | Kapern | Kapern |
| | Maissirup | |
| | Maisstärke | |
| | Muskatnuss | |
| | Pfeffer (schwarz, weiss) | Pfeffer (schwarz, weiss) |
| | Rotweinessig | Rotweinessig |
| | Vanille/-extrakt | |
| | Weissweinessig | Weissweinessig |
| | Zimt | |

*Würzmittel und Eingemachtes*

| | | |
|---|---|---|
| neutral | Gelees (aus bekömmlichen Früchten) | Gelees (aus bekömmlichen Früchten) |
| | Konfitüren (aus bekömmlichen Früchten) | Konfitüren (aus bekömmlichen Früchten) |
| | Salat-Dressings (fettarm, aus bekömmlichen Zutaten) | Salat-Dressings (fettarm, aus bekömmlichen Zutaten) |
| | Senf | Senf |
| | Worcestersauce | |
| zu vermeiden | Mixed Pickles (süsssauer) | Mixed Pickles (süsssauer) |
| | Mayonnaise | Mayonnaise |
| | Relish | Relish |
| | Tomatenketchup | Tomatenketchup |
| | | Worcestersauce |





*Broccoli-Karotten-Salat mit Rucola-Vinaigrette* *(Rezept Seite 37)*

## Früchte-Reismilch-Shake

Schnelles Frühstück oder Snack

| | |
|---|---|
| 300 ml | Reismilch oder Sojamilch (Reformhaus) |
| 125 g | Erdbeeren oder andere Früchte je nach Blutgruppe |
| 1 EL | Ahornsirup oder Agavendicksaft, nach Belieben |
| 1 Prise | Vanillepulver (nur für A) |

Alle Zutaten im Mixer gut schaumig rühren und leicht gekühlt servieren.

## Schnelles Dinkelmüesli

Für 1 Person

| | |
|---|---|
| 2 EL | Dinkelflocken |
| wenig | Wasser zum Einweichen |
| 1 | Apfel, fein gerieben |
| 1 TL | gemahlene Nüsse |
| 1 TL | Agavendicksaft oder Akazienblütenhonig |
| 2–3 EL | Sojajoghurt oder Sojarahm |

Alle Zutaten mischen und nach Belieben mit Saisonfrüchten anreichern.

## Grüntee-Energie-Shake mit Früchten

| | |
|---|---|
| 1/4 l | Sojamilch |
| 1/2 TL | Mattcha-Grünteepulver (Drogerie) |
| 1 EL | Ahornsirup oder Agavendicksaft |
| 125 g | Erdbeeren (A) oder Himbeeren (A/0) |
| 3 EL | Joghurt nature oder Sojajoghurt |

Alles im Mixer kurz schaumig rühren und sofort servieren.

## Brotfrühstück

Dinkelbrot oder Dinkelzopf oder Muffins nach Belieben
Honig oder Konfitüre aus bekömmlichen Früchten nach Belieben
Butter (nur für 0)
Avocados oder Nusspüree/Nussmus (nur für A)
Schafskäse
Ziegenkäse
Sojajoghurt
Früchte nach Belieben und Blutgruppe
Getränke: Grüntee, Kräutertee oder für Blutgruppe A eventuell wenig Bohnenkaffee

*Grüntee-Energie-Shake mit Früchten*

## Salade niçoise

200 g gekochte grüne Bohnen
1 Freilandgurke, in Scheiben geschnitten
1 Bund Rucola, in Streifen geschnitten, oder 80 g Blattsalat nach Wahl
100 g Thunfisch aus der Dose (auf delfinfreundlichen Fang achten)
1 rote Zwiebel, in Ringe geschnitten
1 hart gekochtes Ei, nach Belieben
einige Cherrytomaten als Garnitur
einige ganze Petersilienblätter

*Sauce:*
1 Zitrone, Saft
4 EL Olivenöl extravergine
Kräutermeersalz

Alle Salatzutaten mischen und mit der Sauce marinieren.

*Salade niçoise*

## Broccoli-Karotten-Salat mit Rucola-Vinaigrette

250 g Broccoliröschen oder im Frühling grüne Spargeln
200 g Frühlingskarotten, geschält und schräg in 4 cm lange Stücke geschnitten

*Rucola-Vinaigrette:*
1 Zitrone, Saft
4 EL Olivenöl extravergine
1 Knoblauchzehe, gepresst
1 Bund Rucola
2 EL Gemüsebrühe
Meersalz
nach Belieben Rettichsprossen (Green Power) und geröstete Nüsse oder Kerne als Garnitur

Die Broccoliröschen und Karottenscheiben 3–4 Minuten im Dampf garen, so dass das Gemüse noch Biss hat.
Für die Vinaigrette alle Zutaten mit dem Stabmixer zu einer Sauce mixen.
Das noch lauwarme Gemüse mit der Vinaigrette mischen.
Mit Blütenblättern, Rettichsprossen und gerösteten Nüssen oder Kernen (z.B. Kürbiskerne) bestreut servieren.

Tipp: Je nach Saison andere Gemüsesorten für die Zubereitung des Salates verwenden.

## Bohnen-Avocado-Salat mit Feta

Für Blutgruppe 0 ohne Avocado, dafür z.B. mit Tomaten zubereiten.

| | |
|---|---|
| 350 g | gekochte grüne Bohnen |
| 1 | reife Avocado, gewürfelt |
| 1 | rote Frühlingszwiebel, fein gewürfelt |
| 1 | Knoblauchzehe, gepresst |
| 4 EL | Olivenöl extravergine |
| 1/2 | Zitrone, Saft |
| | evtl. ganz wenig guter Balsamicoessig |
| | Kräutermeersalz |
| 8 Blätter | Basilikum, in feine Streifen geschnitten |
| 100 g | Feta, gewürfelt |
| | Meersalz |

Die Bohnen mit den Avocadowürfeln, Zwiebel und Knoblauch mischen und mit Olivenöl, Zitronensaft, Essig und Salz abschmecken. Die Basilikumstreifen darunter mischen und mit Fetawürfeln bestreut servieren.

Tipp: Je nach Jahreszeit kann man den Salat auch mit weissen Bohnen statt grünen Bohnen zubereiten.

## Spinatsalat mit Feta und gerösteten Pinienkernen

| | |
|---|---|
| 200 g | frischer Blattspinat, in feine Streifen geschnitten |
| 1 | Knoblauchzehe, in feine Scheibchen geschnitten |
| 1/2 | Zitrone, Saft |
| 2 EL | Olivenöl extravergine |
| 1/2 | Bund Basilikum, fein geschnitten |
| 60 g | Feta, gewürfelt |
| 1 EL | geröstete Pinienkerne |
| | Meersalz |

Den Spinat mit Knoblauch, Zitronensaft und Olivenöl mischen. Mit Salz abschmecken. Mit den gerösteten Pinienkernen und Fetawürfeln bestreut servieren.

## Chicorée-Rucola-Salat mit Avocado

Für Blutgruppe 0 ohne Avocado zubereiten.

| | |
|---|---|
| 1 Stange | Chicorée, in feine Streifen geschnitten |
| 1 Bund | Rucola (ca. 70 g) |
| 1 | Avocado, in Würfel geschnitten |
| 1/2 | Zitrone, Saft |
| 2–3 EL | Olivenöl |
| 100 g | Feta, in Würfel geschnitten |
| | Meersalz |

Alle Zutaten mischen und servieren.

Tipp: Mit Kräuter-Muffins (Rezept Seite 111) eine komplette Mahlzeit.

## Spargelsalat mit Rucola und Ei

| | |
|---|---|
| 500 g | grüne Spargeln |
| 1 Bund | Rucola (ca. 70 g), fein geschnitten |
| ½ | Zitrone, Saft |
| 4 EL | Olivenöl extravergine |
| | Meersalz |
| | |
| 2 | hart gekochte Eier in Spalten |
| | oder gehackte Baumnüsse |
| | Sprossen nach Wahl |

Die Spargeln im unteren Drittel schälen und in 3 cm lange Stücke schneiden. Über Dampf etwa 10 Minuten garen, dann kurz kalt abschrecken.
Mit dem Rucola sowie Zitronensaft, Olivenöl und Salz abschmecken. Mit Eivierteln belegt oder mit Baumnüssen und nach Belieben Sprossen bestreut servieren.

Variante: Statt Spargeln rohen Fenchel würfeln und mit dem Rucola mischen.

## Fenchel à la siciliana

| | |
|---|---|
| 1 | mittelgrosse Fenchelknolle mit Grün |
| ½ | Zitrone, Saft |
| 1½–2 EL | Olivenöl extravergine |
| | gehacktes Fenchelgrün |
| | Meersalz |

Den Fenchel halbieren und in feine Spalten schneiden. In tiefen Tellern verteilen und mit Salz, Zitronensaft und Olivenöl würzen. Mit gehacktem Fenchelgrün bestreut servieren.

Tipp: Fenchel ist für Menschen mit Blutgruppe A und 0 eine gute Calciumquelle (statt Milchprodukte).

## Herbstlicher Kastanien-Chicorée-Salat

| | |
|---|---|
| 100 g | Kastanien, geschält |
| 1 | rotschaliger Apfel |
| 100 g | rote Trauben |
| 1 Stange | Chicorée |
| etwas | Rucola, nach Belieben |
| | |
| | *Sauce:* |
| ½–1 | Zitrone, Saft |
| 5 EL | Olivenöl |
| | glatte Petersilie, gehackt |
| | Meersalz oder Kräutermeersalz |
| | |
| etwas | Olivenöl |

Die Kastanien über Dampf 12 Minuten kochen (oder bereits gekochte Kastanien verwenden).
Den Apfel halbieren und entkernen, in Schnitze und diese in dünne Scheibchen schneiden. Die Trauben halbieren. Den Chicorée und den Rucola in Streifen schneiden.
Alle Zutaten zur Sauce verrühren und den Salat damit mischen.
Die Kastanien in etwas Olivenöl kurz braten und über den fertigen Salat streuen.

## Fenchel-Löwenzahn-Salat mit Pecorino

- 1 mittelgrosse Fenchelknolle
- 50 g taufrischer Löwenzahn oder Rucola
- ½ Zitrone, Saft
- 3 EL Olivenöl extravergine
- 1 Stück Pecorino (Schafskäse)
- Meersalz

Den Fenchel halbieren und in feine Spalten schneiden. Löwenzahn oder Rucola ganz lassen. Beides auf Teller verteilen und mit Zitronensaft, Meersalz und Olivenöl abschmecken. Vor dem Servieren mit fein gehobeltem Pecorino bestreuen.

Tipp: Dazu schmeckt hervorragend ein gegrillter Ziegenkäse (Typ Camembert).

## Wirz-Karotten-Salat mit Rucola

- 250 g Wirz (Wirsingkohl), fein gehobelt
- 1 mittlere Karotte, fein gerieben
- 1 Bund Rucola (ca. 70 g)
- 1 EL Zitronensaft
- 2–3 EL Olivenöl extravergine
- 1 Knoblauchzehe, gehackt
- 1 EL geröstete Pinienkerne
- evtl. einige Oliven
- Kräutermeersalz

Den Wirz und die Karotte mischen und mit Zitronensaft, Olivenöl, Knoblauch und Salz abschmecken. 20–30 Minuten durchziehen lassen.
Den Rucola fein schneiden. Vor dem Servieren unter den Salat mischen und diesen nochmals abschmecken.

## Bohnen-Tomaten-Salat mit Pecorino

Eine sättigende Hauptmahlzeit

Für Blutgruppe A mit rohem, in feine Streifen geschnittenem Fenchel oder Gurkenwürfeln statt Tomaten zubereiten.

- 2 Tomaten
- 300 g gekochte grüne Bohnen
- ½ Bund glatte Petersilie, fein gehackt
- 100 g Pecorino oder Schafskäse nach Wahl
- grüne Oliven nach Belieben

*Vinaigrette:*

- 1 kleine Zwiebel oder Schalotte, fein gehackt
- 1 Knoblauchzehe, gepresst
- 2 EL Zitronensaft
- 3–4 EL Olivenöl
- Meersalz

Von den Tomaten den Stielansatz herausschneiden. Die Tomaten würfeln und mit den Bohnen mischen.
Für die Vinaigrette-Sauce alle Zutaten mischen. Bohnen und Tomaten damit mischen. Den Salat 10 Minuten durchziehen lassen.
Die Petersilie darunter mischen. Nach Belieben mit Pecorino- oder anderen Schafskäsewürfeln und grünen Oliven angereichert servieren. Damit wird aus dem Salat eine sättigende Hauptmahlzeit.

*Fenchel-Löwenzahn-Salat mit Pecorino*

*Fenchelcarpaccio mit gegrilltem Ziegenkäse*

## Chicorée-Löwenzahn-Salat mit Avocadowürfeln

Für Blutgruppe 0 die Avocado weglassen.

| | |
|---|---|
| 2 Stangen | Brüsseler Chicorée (ca. 400 g), in Streifen geschnitten |
| 70 g | Löwenzahn oder Rucola, in feine Streifen geschnitten |
| 1/2 | Zitrone, Saft |
| 3–4 EL | Olivenöl extravergine |
| 1 | reife Avocado, in Würfel geschnitten |
| 1 EL | geröstete Kürbiskerne |
| | Kräutermeersalz |

Den Rucola oder Löwenzahn mit dem Chicorée mischen und mit Zitronensaft, Salz und Olivenöl abschmecken. Die Avocado halbieren, entkernen, schälen und in Würfel schneiden und zuletzt unter den Salat mischen. Mit Kürbiskernen bestreut servieren.

Tipp: Den Salat zusätzlich mit wenig Pecorino bestreuen.

## Fenchelcarpaccio

| | |
|---|---|
| 1 | grosse Fenchelknolle, fein gehobelt |
| 1/2 | Zitrone, Saft |
| 2–3 EL | Olivenöl |
| 1 EL | geröstete Pinienkerne zum Bestreuen |
| 1 Bund | Rucola, in feine Streifen geschnitten, oder Kresse, nach Belieben |
| einige | Radieschen, halbiert oder geviertelt |
| | Meersalz |

Die Fenchelscheiben auf einer Platte anrichten, mit Zitronensaft und Olivenöl beträufeln. Zum Schluss leicht salzen, vor dem Servieren mit Pinienkernen und nach Belieben mit Rucolastreifen oder Kresse sowie einigen Radieschen ausgarnieren.

Dazu serviert man pro Person einen halben gegrillten Ziegenkäse (Typ Camembert).

## Zucchinicarpaccio

| | |
|---|---|
| 1 | mittelgrosse Zucchini, in feine Scheiben geschnitten |
| etwas | Zitronensaft |
| ca. 1 EL | Olivenöl extravergine |
| 4–5 | Basilikumblätter, in feine Streifen geschnitten |
| 1 EL | geröstete Sonnenblumen- oder Kürbiskerne |
| | etwas Pecorino, nach Belieben |
| | Kräutermeersalz |

Die Zucchinischeiben auf einer Platte anrichten und mit Zitronensaft, Olivenöl und etwas Salz würzen. Durchziehen lassen.
Mit den Basilikumstreifen, den gerösteten Kernen und nach Wunsch wenig geriebenem Pecorino bestreut servieren.

Tipp: Dies ist eines der beliebtesten Rezepte aus meinen zahlreichen Kochkursen. Es geht schnell, sieht attraktiv aus und schmeckt gut. Die Zucchinischeiben müssen dafür aber sehr fein gehobelt werden. Verwenden Sie dafür, wenn Sie sie bekommen, gelbe und grüne Zucchini gemischt.

## Schnelle Salatsauce

125 ml Olivenöl extravergine
2 Zitronen, Saft
1 TL Senf
½ TL Agavendicksaft oder flüssiger Honig (Akazienblütenhonig)
1 Prise Meersalz oder Kräutermeersalz nach Belieben

Alle Zutaten am besten in einen Schüttelbecher geben und kräftig schütteln. Die Sauce lässt sich 3–4 Tage im Kühlschrank aufbewahren.
Nach Belieben die täglich verwendete Portion mit frisch gehackten Kräutern, Knoblauch oder Zwiebeln verfeinern.

## Bohnen-Bruschette

Für 8 Scheiben Dinkelbrot als Aufstrich

Für Blutgruppe A Sardellenfilets weglassen.

250 g gekochte weisse Bohnen, evtl. aus der Dose
6 EL Olivenöl extravergine
4 Sardellenfilets
1 TL Senf
1 Knoblauchzehe, gehackt
½ Bund glatte Petersilie
1 EL Sojasauce

Alle Zutaten am besten mit dem Stabmixer pürieren oder im Mörser zu einer feinen Paste reiben.

Die Brotscheiben im Ofen oder Toaster rösten und mit Knoblauch und Olivenöl einreiben. Die Paste darauf verteilen und nach Belieben mit ganzen Rucolablättern garniert servieren.

Tipp: Diese Bohnenpaste kann auch als Dip zu Gemüserohkost serviert werden.

## Gebackene Kräutertomaten

Für Blutgruppe A mit Zucchini statt Tomaten zubereiten.

2–3 sonnengereifte feste Tomaten
2 EL gemahlene Mandeln
1–2 Knoblauchzehen, gepresst
2–3 EL fein gehackte Kräuter (Rosmarin, Basilikum, Petersilie)
Kräutermeersalz
Olivenöl extravergine zum Braten
ganze Basilikumblätter als Garnitur

Von den Tomaten den Stielansatz herausschneiden. Die Tomaten in Scheiben schneiden.
Mandeln, Knoblauch, Kräuter und das Kräutersalz mischen.
Die Tomatenscheiben leicht salzen und in der Nuss-Kräuter-Mischung wenden. Sofort in heissem Olivenöl von jeder Seite kurz knusprig braten. Mit einem Basilikumblatt garniert servieren.

Dazu Ziegenfrischkäse und Chapatis (Rezept Seite 44) servieren. Zusammen mit einem Salat ergibt das eine leichte Sommermahlzeit.

Falls Zucchinischeiben verwendet werden, diese je nach Dicke eventuell vorher kurz dämpfen und etwas länger braten als die Tomatenscheiben.

*Bohnen-Bruschette*

*Zucchini-Zwiebel-Frittata*

## Petersilien-Zitronen-Dip

Zu Rohkost, Spargeln oder Artischocken

**1 Bund glatte Petersilie**
**2 Knoblauchzehen, gehackt**
**1 EL Kapern, nach Belieben**
**100 ml Olivenöl extravergine**
**1 EL Tahin (Sesampaste; Reformhandel)**
**1 Zitrone, Saft**
**Meersalz**

Die Petersilienblätter mit den restlichen Zutaten am besten mit dem Pürierstab mixen.
Als Dipsauce zu Rohkost (z.B. Chicorée) oder zu Spargeln oder Artischocken servieren.

Tipp: Die Sesampaste Tahin enthält sehr viel Calcium.

## Chapatis

**150 g Dinkelvollkorn- oder Dinkelruchmehl**
**1 EL Olivenöl extravergine**
**1/2 TL Meersalz**
**50 ml Wasser**
**Olivenöl zum Braten**

Das Dinkelmehl mit Olivenöl, Salz und Wasser zu einem elastischen Teig verkneten und diesen in dünne Fladen ausrollen.
Olivenöl erhitzen und die Chapatis unter mehrmaligem Wenden 3–4 Minuten braten.

Tipp: Zu Gemüse oder zu Rohkost und Dips servieren.

## Zucchini-Zwiebel-Frittata

Für 2 Personen als leichtes Gericht oder
für 4 Personen als Antipasto

**300 g möglichst junge Zucchini, in dünne Scheiben gehobelt**
**2 Schalotten, in feine Ringe geschnitten**
**1 EL Olivenöl extravergine zum Braten**
**3 Freilandeier**
**2 EL gehackte glattblättrige Petersilie**
**2 EL Olivenöl extravergine**
**Kräutermeersalz**

Den Backofen auf 200 Grad vorheizen.
Die Zucchini zusammen mit den Zwiebelringen in heissem Olivenöl 3–4 Minuten braten, salzen. Aus der Pfanne nehmen und etwas auskühlen lassen.
Die Eier mit der Petersilie und 2 EL Olivenöl glatt rühren und die Zucchinischeiben darunter mischen. Die Masse in eine geölte feuerfeste Form verteilen und 15 Minuten im Ofen stocken lassen.

## Minestrone mit Puffbohnen

Eine sättigende Mahlzeit

600–800 g gemischtes Gemüse nach Saison
1 Zwiebel, gehackt
1 Knoblauchzehe, gehackt
1 EL Olivenöl extravergine
1 l Gemüsebrühe
1 Lorbeerblatt
240 g dicke weisse Bohnen (Puffbohnen), aus der Dose oder vorgekocht
2 TL Olivenöl zum Beträufeln
Petersilie, gehackt
Meersalz

Das Gemüse in Würfel, Scheiben oder Röschen schneiden.
Zwiebel und Knoblauch im Olivenöl andünsten, das Gemüse dazugeben und mit der Gemüsebrühe ablöschen. Das Lorbeerblatt dazugeben und die Suppe zugedeckt 20–25 Minuten kochen lassen. Dann die Puffbohnen dazugeben und erwärmen. Mit Meersalz, Olivenöl und Petersilie abschmecken und servieren.

Dazu Kräuter-Muffins (Rezept Seite 111) servieren.

Tipp: Lassen Sie sich vom Marktangebot inspirieren. Es passen Zucchini, Knollen- oder Stangensellerie, Karotten, Lauch, Wirz (Wirsing), Federkohl (Grünkohl), grüne Bohnen, Broccoli.

*Minestrone mit Puffbohnen*

## Gemüsesuppe mit Bohnen

50 g getrocknete Pintobohnen oder dicke weisse Bohnen
$\frac{1}{2}$ l Wasser
1 Zwiebel, gehackt
2 Knoblauchzehen, gepresst
1 EL Olivenöl extravergine
400 g Gemüse nach Saison (z.B. Lauch, Karotten, Stangensellerie, Broccoli, Wirz), klein geschnitten
Kräutermeersalz

Die Bohnen mit dem Wasser in den Dampfkochtopf geben und 20 Minuten kochen. Dann beiseite stellen und ausquellen lassen. (Eventuell auch gekochte Bohnen aus der Dose verwenden.)
Zwiebel und Knoblauch im Olivenöl andünsten, das Gemüse dazugeben und kurz mitdämpfen. Die Bohnen mit dem Kochwasser dazugeben und mit Kräutermeersalz oder Gemüsebrüheextrakt würzen. Die Suppe kochen lassen, bis das Gemüse gar ist (ca. 10 Minuten).

## Kürbis-Karotten-Suppe mit Lauchstreifen

1 EL Olivenöl extravergine
1 Zwiebel, gehackt
150 g Kürbisfleisch, gewürfelt oder gerieben
150 g Karotten, gerieben
1 kleines Stück frische Ingwerwurzel, gerieben
400 ml Gemüsebrühe
5 cm dunkelgrüner Lauch, in feine Streifen geschnitten
1 EL Kürbiskerne
Kräutermeersalz

Die Zwiebel im Olivenöl andünsten, Kürbis und Karotten dazugeben und mit geriebenem Ingwer würzen. Mit der Gemüsebrühe ablöschen und die Suppe 15 Minuten köcheln lassen.
Mit dem Pürierstab fein mixen und mit Kräutersalz und eventuell wenig Olivenöl abschmecken.
Für die Garnitur das Lauchgrün kurz dämpfen und die Kürbiskerne rösten, über die Suppe streuen und servieren.

## Schnelle Zucchini-Kürbis-Suppe

1 EL Olivenöl extravergine
1 kleine Zwiebel, gehackt
300 g Zucchini und Kürbis, grob geraffelt
1 l Gemüsebrühe
1/2 TL Provencekräuter oder nur Thymian
50 g Gerstenschrot
1 EL Olivenöl extravergine
1 EL glattblättrige Petersilie, gehackt

Das Olivenöl erhitzen, die Zwiebel und das Gemüse darin andünsten. Mit der Gemüsebrühe ablöschen und die Provencekräuter dazugeben. 15–20 Minuten leicht köcheln lassen.
Mit etwas Olivenöl und Petersilie abschmecken und servieren.

## Grünkernsuppe mit Kräutern

1 EL Olivenöl extravergine
1 kleine Zwiebel, gehackt
50 g Grünkernschrot
1 Lorbeerblatt
1 Zweig frischer Thymian
1/2 l Gemüsebrühe
2–3 EL frische Kräuter, gehackt (Oregano, Petersilie, Thymian usw.)
1 EL Olivenöl extravergine

Die Zwiebel in Olivenöl dünsten, Grünkern, Lorbeerblatt und Thymian dazugeben. Mit der Gemüsebrühe ablöschen und 15 Minuten leicht kochen lassen.
Die fertige Suppe mit den gehackten Kräutern und einem Esslöffel Olivenöl verfeinern.

Tipp: Wenn die Suppe eine eigenständige Mahlzeit ergeben soll, nimmt man 100 g Grünkernschrot und ca. 600 ml Gemüsebrühe.

*Kürbis-Karotten-Suppe mit Lauchstreifen*

## Gemüsepfanne mit Tofu

Für Blutgruppe A die Peperoni durch in Ringe geschnittenen Lauch ersetzen.

- 150 g Tofu, gewürfelt
- 2 EL Sojasauce (z.B. Tamari)
- 1 EL Olivenöl extravergine
- 1 Zwiebel, gehackt
- 1 Karotte, in feine Streifen geschnitten
- 8 Lattichblätter, grob zerteilt
- 100 g Kefen
- 1 rote Peperoni (Paprika), gewürfelt
- 1 EL Sojasauce
- etwas Chilipaste oder 1/2 kleine scharfe Pfefferschote (nur für 0)
- 300 ml Gemüsebrühe
- 200 g feine Dinkelnudeln
- Kräutermeersalz

Die Tofuwürfel mindestens 2–3 Stunden in der Sojasauce marinieren.
Das Olivenöl im Wok erhitzen. Die Tofuwürfel zusammen mit der Zwiebel kurz scharf anbraten. Karottenstreifen, Lattich, Kefen und Peperoni oder Lauch dazugeben und alles kurz dünsten. Mit Kräutermeersalz und Sojasauce abschmecken und eventuell mit wenig Chili würzen. Mit der Gemüsebrühe ablöschen. Die Dinkelnudeln dazugeben und alles zusammen während 8–10 Minuten al dente garen. Mit etwas Olivenöl beträufelt servieren.

## Dinkel-Lauch-Puffer

- 100 g mittelfeiner Dinkelschrot
- 200 ml Gemüsebrühe
- 100 g Lauch, in feine Ringe geschnitten
- 1 EL Olivenöl extravergine
- 50 g Feta, zerkrümelt
- 2 EL gemahlene Haselnüsse oder Mandeln
- 1 EL gehackte Kräuter, z.B. Petersilie, Rosmarin, Thymian
- einige Tropfen Sojasauce
- etwas abgeriebene Zitronenschale
- Kräutermeersalz
- Olivenöl extravergine zum Braten

Den Dinkelschrot mit der Gemüsebrühe 5–10 Minuten unter Rühren kochen. Auf der ausgeschalteten Herdplatte weitere 20 Minuten zugedeckt ausquellen lassen.
Den Lauch im Olivenöl 4–5 Minuten dünsten. Die Lauchstreifen zum gekochten Dinkelschrot geben. Feta, Nüsse, Kräuter und Gewürze darunter mischen und abschmecken.
Aus der Masse mit Hilfe eines Löffels oder einfacher mit dem Eisportionierer Bällchen formen. Diese flach drücken und in heissem Olivenöl von beiden Seiten 4–5 Minuten bei mittlerer Hitze knusprig braten.

Mit einer Kräutersauce nach Wahl und Gemüse und/oder Salat servieren.





*Dinkel-Lauch-Puffer*

## Gefüllte Kräuterchampignons

8–10 möglichst grosse Champignons
1/4 l Gemüsebrühe
1/2 Zitrone, Saft

*Füllung:*
1 EL Olivenöl extravergine
1 Knoblauchzehe, gehackt
2 EL gehackte Baumnüsse oder Mandeln
3 EL fein gehackte Kräuter, z.B. Petersilie, Basilikum, Thymian
70 g Ziegenfrischkäse, zerdrückt
1 Eigelb nach Belieben (kann auch weggelassen werden)
wenig Olivenöl zum Beträufeln
Kräutermeersalz

Von den Champignons die Stiele herausdrehen und fein hacken.
Die Gemüsebrühe mit dem Zitronensaft aufkochen und die Pilzhüte darin 4–5 Minuten kurz dünsten. Die Flüssigkeit abschütten und die Pilzhüte gut abtropfen lassen.
Das Olivenöl erhitzen und Knoblauch zusammen mit den gehackten Pilzstielen darin kurz dünsten. Die gehackten Baumnüsse und Kräuter dazugeben und kurz mitdünsten. Zuletzt den Käse darunter mischen und die Masse abschmecken; nach Belieben mit einem Eigelb verfeinern.
Die Masse in die gedämpften Pilzhüte füllen. In eine feuerfeste Form geben, mit Olivenöl beträufeln und bei 200 Grad im vorgeheizten Ofen 15 Minuten backen. Mit frischen Kräutern garniert warm oder kalt servieren.

## Ingwerkarotten mit Sesamsauce

450 g Karotten, geschält
1 EL Olivenöl extravergine
1/2 TL Ingwer, gemahlen, oder 1 Stück frische Ingwerwurzel, gerieben
1 Zweig Thymian oder getrockneter Thymian
150 ml Gemüsebrühe

*Sesamsauce (Tahinsauce):*
2 EL Sesammus (Tahin) mit Salz (Reformhandel)
1 Knoblauchzehe, gepresst
1 EL gehackte Petersilie
100 ml Gemüsebrühe (vom Karottenkochen)

Die Karotten der Länge nach in Streifen schneiden und im Olivenöl andünsten, mit Ingwer und Thymian würzen und mit Gemüsebrühe ablöschen, etwa 12 Minuten gar kochen.
Alle Zutaten zur Sesamsauce am besten mit einem Stabmixer auf höchster Stufe cremig rühren. Die Sauce zum Karottengemüse servieren.

Tipps: Diese Sauce eignet sich auch als Dip zu Rohkost oder anderem.
Die Sauce kann auf Vorrat zubereitet werden, sie ist im Kühlschrank 2–3 Tage haltbar.

Zusammen mit Seeteufel und einem Salat wird es zu einer vollständigen Mahlzeit. Dazu 2 Tranchen Seeteufel (à 120–150 g) mit etwas Zitronensaft und Meersalz würzen, in 2 EL Sesamsamen (evtl. gehackt) wenden und in Olivenöl kurz von beiden Seiten braten.

## Ziegenkäse in Sesamkruste auf Zucchinistreifen

2 mittlere Zucchini, in Streifen geschnitten
1 EL Olivenöl extravergine
1 Zweig frischer Thymian, abgezupfte Blätter
Kräutermeersalz
Paprika edelsüss

2 Geissfrischkäse nature (ca. 80 g)
1 EL Sesamsamen
1 Zweig frische Minze

Die Zucchinistreifen im Olivenöl etwa 4 Minuten knackig dünsten. Mit den Thymianblättchen, Kräutersalz und Paprika abschmecken.
Die Ziegenkäse im Sesam wenden und in der heissen Pfanne ohne Öl beidseitig kurz goldgelb braten. Die panierten Geisskäslein auf den Zucchinistreifen servieren, mit frischer Minze garnieren.

## Dinkel-Gemüse-Gratin

100 g ganze Dinkelkörner
300 ml Wasser
1 Lorbeerblatt
1 EL Olivenöl
1 Zwiebel, gehackt
1 Knoblauchzehe, gehackt
1/2 Bund Petersilie, gehackt
1 Zweig Thymian
5 Blätter Basilikum
300 g Gemüse nach Saison (z.B. 1 Fenchel, 2 Karotten und 1 Lauchstange), klein geschnitten
100 ml Sojarahm
50 g Ziegenfrischkäse
Kräutermeersalz

Den Dinkel über Nacht im Wasser einweichen.
Am folgenden Tag im Einweichwasser mit dem Lorbeerblatt ohne Salz im Dampfkochtopf weich kochen (15 Minuten).
Zwiebel, Knoblauch, die Gewürze und Kräuter im Olivenöl andünsten, das Gemüse dazugeben und 10 Minuten zugedeckt dämpfen. Eventuell wenig Gemüsebrühe dazugeben.
Das gegarte Gemüse mit dem Dinkel mischen und in eine geölte Gratinform füllen. Den Sojarahm mit dem Ziegenkäse verrühren und über den Gratin verteilen.
Im vorgeheizten Ofen bei 220 Grad 15–20 Minuten überbacken.

Ergibt zusammen mit einem Saisonsalat eine komplette Mahlzeit.

## Topinambur-Gratin mit Haselnüssen

500 g Topinamburknollen
1 Knoblauchzehe, gehackt
1 Eigelb
1/4 l Sojamilch
100 ml Sojarahm
4 EL geröstete und gehackte Haselnüsse
Olivenöl extravergine zum Beträufeln
Kräutermeersalz

Die Topinambur schälen und sofort in Wasser mit etwas Zitronensaft einlegen, damit sie sich nicht braun verfärben.
Eine Gratinform einfetten.
Die Topinambur in Scheiben schneiden und in die Gratinform einschichten. Mit Kräutermeersalz und dem Knoblauch würzen.
Eigelb, Sojamilch, Sojarahm und die Haselnüsse mischen und über die Topinamburscheiben verteilen. Mit Olivenöl beträufeln.
Im vorgeheizten Ofen bei 180 Grad etwa 35 Minuten backen.

## Tofu im Sesammantel

200 g fester Tofu (z.B. von Soyana)
4–6 EL Sojasauce (z.B. Tamari)
1/2 TL getrocknete Provencekräuter
1 EL Olivenöl extravergine
3 EL Sesamsamen
1–2 EL Olivenöl zum Braten

Den Tofu in etwa 1 cm dicke Scheiben schneiden und mit Sojasauce, Provencekräutern und Olivenöl 30–60 Minuten marinieren.
Die marinierten Tofuscheiben auf Küchenkrepp etwas abtropfen lassen und dann in den Sesamsamen wenden.
Das Olivenöl erhitzen und die Tofuscheiben darin von beiden Seiten knusprig braten.

Tipp: Damit der Sesam am Tofu kleben bleibt und nicht abfällt, die Tofuscheiben zuerst in Mehl, dann in verquirltem Ei wenden und erst zuletzt in den Sesamsamen panieren. Aus gesundheitlichen Gründen ist aber die erste Variante zu bevorzugen.

Dazu Gemüse nach Wahl, z.B. in Olivenöl sautierte Karotten- und Zucchinistreifen und/oder Salat servieren.

*Tofu im Sesammantel*

## Gemüse-Calzone

Für Blutgruppe A die Tomate weglassen.

*Teig:*

10 g Frischhefe
150 ml lauwarmes Wasser
250 g Dinkelruch- oder Vollkornmehl
1/2 TL Meersalz
evtl. Eigelb zum Bestreichen

*Füllung:*

1 kleine Zucchini
1 kleine Zwiebel, gehackt
1 Knoblauchzehe, gepresst
1 kleiner Zweig frischer Rosmarin, fein gehackt
1 kleiner Zweig frischer Thymian, gehackt
1 Tomate, gewürfelt
100 g Büffelmozzarella oder Mozzarella, zerpflückt

Für den Teig die Hefe im lauwarmen Wasser auflösen. 200 g Mehl mit dem Salz mischen und dazugeben. Den Rest des Mehls nach und nach darüber streuen und einarbeiten. Den Teig 10–15 Minuten kräftig kneten, am besten mit dem Handrührgerät. Den Teig zu einer Kugel formen, mit Wasser befeuchten und zugedeckt um das Doppelte aufgehen lassen.

Für die Füllung die Zucchini klein würfeln oder grob raspeln.
Zwiebel und Knoblauch im Olivenöl andünsten Die Zucchiniwürfel dazugeben und ebenfalls 5 Minuten dünsten. Mit Kräutern und Salz abschmecken. Die Füllung abkühlen lassen und erst vor dem Füllen die Tomatenwürfel und den Mozzarella darunter mischen.

Den Teig nochmals gut durchkneten, zu zwei gleich grossen Kugeln formen und jede rund ausrollen. Den Rand mit Wasser bestreichen, die Füllung auf die eine Teighälfte geben, die andere darüber legen und den Rand gut andrücken. Den Teig mit einer Gabel mehrmals einstechen.
Die Calzoni nach Belieben mit Eigelb bestreichen, auf ein mit Backtrennpapier belegtes Blech legen und 15 Minuten gehen lassen. Den Backofen auf 220 Grad vorheizen und die Calzoni 25–30 Minuten backen.

Es können je nach Saisonangebot auch andere Gemüsesorten verwendet werden. Selbstverständlich kann das Gericht auch als flache Pizza zubereitet werden.

Dazu Salat servieren.

## Weisse Spargeln mit grüner Sauce

1 kg weisse Spargeln
1/2 Zitrone, Saft
1 TL Olivenöl für das Kochwasser
Meersalz

*Sauce:*

1 Bund glattblättrige Petersilie
1 Bund Rucola
1/2 Bund Basilikum
1/2–1 Zitrone, Saft
100 ml Olivenöl extravergine
1/2 TL Meersalz
2 EL Kerne (z. B. Kürbiskerne), nach Belieben

Sie Spargeln schälen. In wenig gesalzenem Wasser mit Zitronensaft und Olivenöl 20–25 Minuten garen.
Für die Sauce alle Zutaten mit dem Stabmixer pürieren und zu den Spargeln servieren.

Tipp: Die Sauce kann auch zu anderen gegarten Gemüsen und z. B. auch zu Artischocken serviert werden.

## Fruchtiges Gemüsecurry mit Dörrfrüchten

Für Blutgruppe A Chili weglassen.

1 EL Olivenöl extravergine
1 kleine Zwiebel, gehackt
1 Knoblauchzehe, gepresst
1 kleines Stück Knollensellerie, in Würfel geschnitten
1 mittelgrosse Karotte, in Scheiben geschnitten
1 kleiner Broccoli, in Röschen geteilt
1/4 Wirz (Wirsing), in feine Streifen geschnitten
200 ml Gemüsebrühe

*Currysauce:*
1 EL Olivenöl extravergine
1 TL scharfer Curry
1 TL Kurkuma (Gelbwurz)
1 EL Pfeilwurzmehl (Reformhandel)
100 ml Gemüsebrühe
100 ml Sojamilch
2 EL Korinthen
2 EL Dörrpflaumen ohne Stein, geviertelt
1 TL Zitronensaft
wenig Chili
Meersalz

Das Olivenöl erhitzen und die Zwiebel zusammen mit Knoblauch und dem Gemüse darin andünsten. Mit der Gemüsebrühe ablöschen und auf kleinem Feuer 10–12 Minuten kochen lassen.
Für die Currysauce das Olivenöl erhitzen, Curry und Kurkuma darin andünsten.
Das Pfeilwurzmehl in wenig kaltem Wasser glatt rühren, mit der Gemüsebrühe und der Sojamilch mischen und zum Curry geben.
Korinthen und Dörrpflaumen beifügen und alles etwa 8 Minuten köcheln lassen. Mit Zitronensaft, Chili und Salz abschmecken.
Die Sauce zum Gemüse geben und mit dem Gemüse nochmals kurz erwärmen.

Dazu einen Vollkornreis oder ein Getreide nach Wahl servieren.

## Buntes Gemüsecurry

1 kleine Zwiebel, in Ringe geschnitten
1 Knoblauchzehe, gepresst
1 EL milder Curry
1 Msp. scharfer Curry
1 TL Honig
1 EL Olivenöl extravergine
450 g verschiedene Gemüse je nach Saisonangebot, grob gewürfelt
Gemüsebrühe
Kräutermeersalz

Zwiebel und Knoblauch mit Curry und Honig im Olivenöl andünsten, das gewürfelte Gemüse dazugeben und mitdünsten. Mit wenig Wasser oder Gemüsebrühe ablöschen und das Gemüse auf kleiner Flamme so lange garen, dass es noch Biss hat. Mit Kräutermeersalz abschmecken.

Dazu passt Reis und Salat.

Tipp zum Gemüse: Im Sommer wählen Sie Karotten, Kohlrabi, Fenchel, Bohnen usw., im Winter Karotten, Sellerie, Lauch, Kohl.

## Zucchiniköpfchen mit Feta und Zitrone

300 g junge Zucchini, fein gehobelt
2 Knoblauchzehen, gehackt
1 EL Olivenöl extravergine
4 EL gehackte Kräuter (Basilikum, Petersilie, Thymian, Rosmarin)
2 Freilandeier
3 EL Olivenöl extravergine (ersetzt hier den Rahm )
50 g Feta, zerdrückt
½ Zitrone, abgeriebene Schale oder 1 TL Limonenöl
Kräutermeersalz

Den Ofen auf 220 Grad vorheizen.
Die Zucchini mit dem Knoblauch im Olivenöl 2–3 Minuten dünsten. Kräuter und Salz dazugeben und kurz auskühlen lassen.
Eier, Olivenöl und Feta mixen und mit den gedämpften Zucchini mischen.
Förmchen ausfetten und die Masse hineinfüllen. Im vorgeheizten Ofen etwa 20 Minuten backen.

Mit Salat serviert eine vollständige Mahlzeit. Schmeckt warm und kalt gleich gut.

Tipp: Limonenöl ist Olivenöl, das zusammen mit biologisch angebauten Zitronen gepresst wird. Das Aromaöl kann zum Verfeinern von Speisen verwendet werden. Bezugsquelle siehe Seite 116.

## Hafer-Broccoli-Puffer

200 g Broccoliröschen
60 g feine Flocken (für A Hafer, für 0 Dinkel)
80 ml Wasser oder Gemüsebrühe
2 Freilandeier
1 EL gehackte Kräuter nach Angebot
1 Prise gemahlener Ingwer
2–3 EL Olivenöl zum Braten
Meersalz

Den Broccoli über Dampf etwa 8 Minuten dämpfen und kalt abschrecken. Mit dem Messer grob hacken.
Die Haferflocken mit Wasser oder Brühe übergiessen und 10 Minuten quellen lassen. Eier, Kräuter, Gewürze und den gehackten Broccoli dazugeben und alles gut vermengen. Die Masse mit einem Löffel portionenweise abstechen, direkt in das heisse Öl geben und von beiden Seiten während 3–4 Minuten braten.
Mit Zwiebel- oder Rettichsprossen garniert servieren.

Dazu passt ein Salat und gedämpfte Karotten.

Tipp: Broccoli ist eine gute Calciumquelle.



*Zucchiniköpfchen mit Feta und Zitrone*

## Kleines Gemüsesoufflé

Für etwa 4 Förmchen

2 Freilandeier
2 EL Olivenöl extravergine
100 g Karotten, in feine Streifen (Julienne) geschnitten
100 g Zucchini, in feine Streifen (Julienne) geschnitten
50 g geriebener Pecorino
½ Bund Basilikum oder Petersilie, fein gehackt
Kräutermeersalz
Olivenöl für die Förmchen

Den Ofen auf 180 Grad vorheizen.
Die Eier verquirlen.
Die Gemüsestreifen über Dampf 4 Minuten dämpfen. Kurz auskühlen lassen. Mit den Eiern und dem Käse mischen und mit Kräutern und Kräutermeersalz würzen. Die Masse in die gut gebutterten Souffléförmchen füllen und im vorgeheizten Ofen 25–30 Minuten backen.

Auf Salat oder mit gekochtem Gemüse servieren.

## Grünkohlpesto

1 grosse Handvoll Grünkohlblätter ohne Strunk
1 Zwiebel, fein gehackt
1 EL Olivenöl extravergine zum Dünsten
wenig Gemüsebrühe
½ Zitrone, Saft
150–200 ml Olivenöl extravergine
Kräutermeersalz

Den Grünkohl in Streifen schneiden und zusammen mit der Zwiebel in Olivenöl kurz dünsten. Wenig Gemüsebrühe angiessen und den Grünkohl 3–5 Minuten dünsten. Zusammen mit den übrigen Zutaten mit dem Stabmixer zu einem Pesto mixen. Mit Salz abschmecken.

Tipp: Dieser Pesto kann nach Belieben mit wenig geriebenem Pecorino oder/und gehackten Nüssen (Mandeln, Haselnüssen, Pinienkernen) zubereitet werden. Er schmeckt auch sehr gut zu Pasta.

## Gemüse-Blinis mit Grünkohl

Für 2 Personen als sättigende Hauptmahlzeit
(ergibt je nach Grösse 8–10 Blinis)

125 g Dinkelvollkornmehl oder Buchweizenmehl
150 ml Sojamilch
1 Feilandei
1 Prise Meersalz
ca. 10 g Frischhefe oder 1 TL getrocknete Hefe
1 TL Olivenöl extravergine
1 TL getrocknete Provencekräuter

200 g Gemüse (z.B. Federkohl/Grünkohl, Kürbis, Zucchini und Lauch)
Olivenöl zum Braten
Kräutermeersalz

Für die Blinis das Mehl, die Sojamilch, Ei, Salz, Hefe, Öl und Kräutern zu einem glatten Teig rühren. 10 Minuten quellen lassen.
Das Gemüse am besten auf der Röstiraffel grob reiben, Lauch der Länge nach halbieren und in feine Streifen schneiden. Das Gemüse in heissem Olivenöl 3–5 Minuten dünsten und unter den Teig mischen.
Den Teig in heissem Olivenöl portionenweise zu Blinis ausbacken.
Mit gebratenen Pilzen und Grünkohlpesto servieren.

*Gemüse-Blinis mit gebratenen Pilzen und Grünkohlpesto*

*Pizza mit Artischocken*

## Pizza mit Artischocken

*Teig:*

½ Rezeptmenge Dinkelbrotteig (siehe Seite 112) oder Calzone-Teig (Seite 58)

*Belag:*

200 g Champignons
Olivenöl
250 g Artischockenböden aus der Dose, etwas zerkleinert
3 kleine rote Zwiebeln, in feine Ringe geschnitten
1 Knoblauchzehe, gehackt
1 EL italienische Kräutermischung
frischer Basilikum
evtl. einige Oliven
100 g Feta oder geriebener Pecorino
Kräutermeersalz

Die Pilze fein schneiden und in 1 Esslöffel Olivenöl kurz braten. Salzen.
Den Teig auswallen und mit Champignons, Artischockenböden, Zwiebelringen, Knoblauch, Kräutern und nach Belieben Oliven belegen. Mit Käse bestreuen und mit Olivenöl beträufelt bei 220 Grad rund 20 Minuten backen. Mit frischem Olivenöl beträufelt servieren.

Dazu gehört ein Salat.

## Orientalisches Kichererbsengericht

Für Blutgruppe A mit weissen Bohnen statt Kichererbsen zubereiten und die Tomaten weglassen.

120 g Kichererbsen, über Nacht in kaltem Wasser eingeweicht, oder 1 Dose gekochte Kichererbsen
1 kleine Zwiebel, gehackt
1 EL Olivenöl extravergine
2 cm frische Ingwerwurzel, fein gerieben
1 Knoblauchzehe, gepresst
1 kleine rote Pfefferschote, fein gehackt
½ TL ganze Korianderkörner, zerstossen
⅓ TL ganze Kreuzkümmelsamen, zerstossen
1 Prise Gelbwurz (Kurkuma)
2 Tomaten, geschält und gewürfelt (evtl. Dose)
½ Zitrone, Saft
frische Korianderblätter oder Petersilie
Kräutermeersalz

Die eingeweichten Kichererbsen mit Wasser bedeckt rund 40 Minuten weich kochen, im Dampfdrucktopf 15–20 Minuten. Abtropfen lassen. Die Kochflüssigkeit aufbewahren.
Die Zwiebel im Olivenöl andünsten, Ingwer, Knoblauch, Pfefferschote und die Gewürze dazugeben und kurz dünsten. Die Tomaten und Kichererbsen beifügen und mit wenig Kochflüssigkeit aufgiessen. 10 Minuten köcheln lassen.
Mit Salz und Zitronensaft würzen und mit gehacktem Koriandergrün bestreut servieren.

## Dinkelspätzli mit Lauch-Pilz-Ragout

*Teig:*

| | |
|---|---|
| 200 g | Dinkelvollkornmehl |
| 2 | Freilandeier |
| 200 ml | Wasser |
| 1/2 TL | Meersalz |
| 1 TL | Olivenöl extravergine |

*Lauch-Pilz-Ragout:*

| | |
|---|---|
| 125 g | Pilze (z.B. Champignons, Austernpilze oder Eierschwämme/Pfifferlinge) |
| 2 EL | Olivenöl extravergine |
| 1 | kleine Zwiebel, fein gehackt |
| 120 g | Lauch, in feine Ringe geschnitten |
| 2 | Salbeiblätter, in feine Streifen geschnitten |
| 100 ml | Gemüsebrühe |
| 1 EL | gehackte Petersilie |
| evtl. 1 EL | Reibkäse (Typ Pecorino) |
| | Kräutermeersalz |

Alle Zutaten zum Teig mischen und diesen 30 Minuten quellen lassen. Mit dem Spätzlihobel den Teig in kochendes Salzwasser schaben. Sobald die Spätzli obenauf schwimmen, herausnehmen und kalt abschrecken. Mit wenig Olivenöl vermischt bis zur weiteren Verwendung beiseite stellen. (Spätzli können gut auf Vorrat zubereitet werden.)
Die Pilze putzen und in Streifen oder Scheiben schneiden oder je nach Grösse ganz lassen.
Das Olivenöl erhitzen und darin Zwiebel und Lauch andünsten. Die Pilze und den Salbei dazugeben und kurz mitdünsten, mit wenig Brühe ablöschen. Weitere 5 Minuten kochen lassen, abschmecken. Mit Petersilie und Reibkäse mischen und unter die in Öl kurz gebratenen Spätzli mischen.

*Dinkelspätzli mit Lauch-Pilz-Ragout*

## Crêpes

| | |
|---|---|
| 1 | Freilandei |
| 125 ml | Sojamilch |
| 1 EL | Olivenöl extravergine |
| 1/2 TL | Meersalz |
| 60 g | Dinkelhalbweissmehl |
| | Olivenöl zum Braten |

Das Ei schaumig schlagen, Sojamilch, Olivenöl, Salz und Dinkelmehl dazugeben. Alles sorgfältig mischen und den Teig 20 Minuten quellen lassen.
Wenig Olivenöl in eine Bratpfanne geben, verteilen und überschüssiges Öl mit Küchenpapier entfernen. Das Öl nur mässig erhitzen. Mit einem Schöpflöffel etwas Teig in die Pfanne geben und schnell verteilen. Die Crêpe backen, bis sie sich am Rand von der Pfanne löst, wenden und auf der anderen Seite nochmals 1 Minute backen.

Tipp: Die Crêpes mit Pilzragout (siehe Spätzlirezept Seite 67) oder mit einem gedämpften Gemüse nach Wahl (z.B. Sprossen, Lauch und Pilze) füllen. Sie schmecken auch mit Akazienhonig bestrichen fein.

## Brennnessel-Taglierini mit grünen Bohnen und Basilikumpesto

*Pesto:*

1 grosser Bund Basilikum
2 Knoblauchzehen, gepresst
1 EL Pinienkerne
40 ml Olivenöl extravergine
Meersalz

120 g Brennnessel-Dinkel-Taglierini (Biofarm)
150 g gekochte grüne Bohnen

Vom Basilikum die Blätter abzupfen und mit Knoblauch, Olivenöl und Pinienkernen mischen. Mit dem Mixstab oder im Mörser fein pürieren. Mit Salz abschmecken.

Die Nudeln in reichlich Salzwasser etwa 8 Minuten al dente kochen. Abschütten und mit etwas Olivenöl mischen.

Die Bohnen halbieren oder vierteln und mit den gekochten Nudeln und dem Pesto mischen Mit einigen Basilikumblättern garniert servieren

## Tagliatelle mit Spargeln oder Broccoli und Ingwer

Für Blutgruppe A die Pfefferschote weglassen.

500 g grüne Spargeln oder 1 Broccoli
160–200 g Dinkel-Tagliatelle
4 EL Olivenöl extravergine
2 Knoblauchzehen, gepresst
1 Stück frischer Ingwer (ca. 1/2 cm), fein gerieben
1 Pfefferschote, fein geschnitten
1 Bund Rucola (ca. 70 g), fein geschnitten
Meersalz oder Kräutermeersalz

Die Spargeln im unteren Drittel schälen und in etwa 1 cm breite Stücke schneiden. Die Spargelspitzen 2 cm lang lassen. Die Spargeln in wenig Wasser oder über Dampf 4–6 Minuten garen und kurz kalt abschrecken (Kochdauer je nach Dicke der Spargeln).

Bei der Verwendung von Broccoli den Strunk mit dem Kartoffelschäler schälen und in Würfel schneiden, den Rest in Röschen teilen. Das Gemüse über Dampf etwa 6 Minuten garen und kurz kalt abschrecken.

Die Nudeln in reichlich Salzwasser nach Anleitung al dente kochen.

Das Olivenöl erhitzen, Knoblauch, Ingwer und Pfefferschote darin kurz erwärmen, die Spargel- oder Broccolistücke dazugeben, mit Salz würzen.

Zusammen mit den Rucolastreifen unter die gekochten Nudeln mischen und sofort servieren. Nach Belieben mit etwas Olivenöl abschmecken.

Dazu serviert man einen Saisonsalat.

Tipp: Frischen Ingwer mit dem Kartoffelschäler schälen und mit einer Muskatreibe fein raffeln. Frische Ingwerwurzeln können im Gemüsefach des Kühlschranks problemlos bis zu 14 Tage aufbewahrt werden.

*Brennnessel-Taglierini mit grünen Bohnen und Basilikumpesto*

## Penne mit Avocado-Kürbiskern-Pesto

Für Blutgruppe 0 mit Ziegenfrischkäse-Pesto: Dazu die Avocado durch Ziegenfrischkäse ersetzen.

200 g Dinkel-Penne
Meersalz
1 TL Olivenöl

*Pesto:*
1 reife Avocado
½ Bund frischer Basilikum
1 grosse Knoblauchzehe
4 EL Olivenöl
½ Zitrone, Saft
2 EL Kürbiskerne
Kräutermeersalz

Die Teigwaren in kochendem Salzwasser mit wenig Olivenöl in etwa 12 Minuten al dente kochen.
Für die Pestosauce die Avocado schälen, entkernen und würfeln. Zusammen mit Basilikum, Olivenöl, Zitronensaft, Salz und den Kürbiskernen mit dem Stabmixer pürieren. Falls nötig mit wenig Nudelkochwasser auf die gewünschte Konsistenz verlängern.
Die Penne mit dem Pesto mischen und sofort servieren.

Tipp für Blutgruppe 0: Pesto mit ca. 100 g Ziegenfrischkäse (statt Avocado) zubereiten und einige Tomatenwürfelchen unter die fertigen Nudeln mischen.

## Spaghetti mit Austernpilzen, Spinat und Feta

200 g Dinkel-Spaghetti (Reformhaus)
1 TL Olivenöl extravergine für das Kochwasser
Meersalz
500 g junger taufrischer Spinat, ganze Blätter
250 g Austernpilze oder/und frische Eierschwämme (Pfifferlinge), geputzt
2 EL Olivenöl extravergine
2 Knoblauchzehen, gehackt
1 TL scharfes Curry
1 Prise gemahlener Ingwer
100 g Feta, zerdrückt, oder 40 g geriebener Pecorino
Olivenöl
Meersalz

Die Spaghetti mit dem Olivenöl in Salzwasser nach Anleitung al dente kochen.
2 Minuten vor Ende der Kochzeit den gewaschenen Spinat dazugeben und kurz mitkochen. Alles zusammen abschütten.
Die Pilze am besten nicht waschen, sondern nur mit einem Pinsel säubern oder mit einem trockenen Tuch abreiben. Austernpilze je nach Grösse in Streifen schneiden oder ganz lassen und Pfifferlinge je nach Grösse ganz lassen oder halbieren.
Das Olivenöl erhitzen und die Pilze darin zusammen mit dem Knoblauch kurz (3–5 Minuten) dünsten, mit Curry, Ingwer und Salz würzen.
Die fertig gekochten Spagetti mit den Pilzen mischen, den Feta dazugeben und alles mit Olivenöl beträufelt servieren.

*Spaghetti mit Austernpilzen, Spinat und Feta*

## Tagliatelle mit Gemüsestreifen

100 g Karotten
100 g Zucchini
100 g Lauch
2 EL Olivenöl extravergine
120 g Dinkel-Tagliatelle
Sojasauce
Kräutermeersalz
10 Basilikumblätter für Garnitur

*Sauce:*
100 ml Sojarahm (Reformhaus)
1–2 Knoblauchzehen, gepresst
10 Basilikumblätter, gehackt
Meersalz

Mit dem Kartoffelschäler von den Karotten und Zucchini der Länge nach breite Streifen abziehen. Den Lauch der Länge nach halbieren und in 10 cm lange Stücke schneiden, die einzelnen Blätter auseinander zupfen. Die Gemüsestreifen im Olivenöl 2–3 Minuten knackig dünsten, ohne dass sie Farbe annehmen.
Die Tagliatelle in reichlich Salzwasser mit wenig Olivenöl al dente kochen, abschütten und mit den Gemüsestreifen mischen. Mit Sojasauce und Meersalz abschmecken.
Für die Sauce den Sojarahm mit Knoblauch und Basilikum mit dem Stabmixer pürieren. Kurz erwärmen. Zu den Teigwaren servieren und mit Basilikumblättern garnieren.

Tipp: Statt Sojarahm kann man auch nur 2–3 EL Olivenöl mit Basilikum, Knoblauch und Salz mixen und unter die Nudeln ziehen.

## Vollkornspiralen mit Zucchini

120 g Dinkelvollkornspiralen
1 TL Olivenöl extravergine

*Zucchiniragout:*
300 g möglichst kleine Zucchini
8 Zucchiniblüten (oder Zucchini mit Blüten wählen)
1 EL Olivenöl extravergine
1 Knoblauchzehe, fein gehackt
100 ml Gemüsebouillon
1 EL Petersilie, fein gehackt
1 EL frischer Basilikum, fein geschnitten
Kräutermeersalz
1 EL Olivenöl extravergine

Die Zucchini mit den Blüten in feine Scheiben schneiden (grosse Zucchini halbieren und dann in Scheiben schneiden).
Das Olivenöl erhitzen. Den Knoblauch darin andünsten und die Zucchinischeiben dazugeben. Bei kleiner Hitze 3–4 Minuten dünsten, mit wenig Gemüsebouillon ablöschen und diese einkochen lassen. Mit Petersilie, Basilikum und Salz abschmecken.
Die Nudeln in reichlich Salzwasser mit etwas Olivenöl kochen, abschütten, abtropfen lassen und mit dem Gemüse mischen. Mit Olivenöl verfeinern und servieren. Sofern vorhanden mit frischen Zucchiniblüten garniert servieren.

Dazu einen gemischten Salat reichen.

## Spargelrisotto mit Rucola

Für Blutgruppe 0 statt mit Spargeln mit rotem Chicorée oder Lauch zubereiten.

120 g Vollkornreis
300 ml Wasser
1 Lorbeerblatt

250 g weisse Spargeln und 250 g grüne Spargeln oder 500 g grüne Spargeln
1 Schalotte, fein gewürfelt
1–2 EL Olivenöl extravergine
4 frische Salbeiblätter, in feine Streifen geschnitten
50 ml Weisswein
Gemüsebrühe
1 TL Limonenöl zum Verfeinern (siehe Tipp Seite 60)
Rucola oder Petersilie, fein geschnitten, als Garnitur
Kräutermeersalz

Den Reis waschen. Mit Wasser und Lorbeerblatt aufkochen, 15–20 Minuten kochen und dann 25–30 Minuten auf der ausgeschaltenen Herdplatte ausquellen lassen.
Die weissen Spargeln gründlich schälen und in etwa 2 cm lange Stücke schneiden. Die grünen Spargel nur im unteren Drittel schälen und ebenfalls in kleine Stücke schneiden.
Weissen Spargel über Dampf 15 Minuten garen, grünen Spargel nur 6–8 Minuten, je nach Dicke der Stangen.
Die Schalotte im Olivenöl andünsten, den gekochten Reis dazugeben und mit Weisswein ablöschen, etwas Gemüsebrühe und zuletzt den gekochten Spargel dazugeben, alles einige Minuten köcheln lassen. Mit Kräutermeersalz und Limonenöl abschmecken. Zuletzt den Rucola darunter mischen.

Tipps: Dazu kann für beide Blutgruppen gebratenes Pouletfleisch oder gebratener Seeteufel und ein gemischter Salat serviert werden.

## Gemüse-Paella

1 kleine Zwiebel, fein gehackt
1 Knoblauchzehe, gepresst
1 Thymianzweig oder getrockneter Thymian
1 Lorbeerblatt
1 EL Olivenöl extravergine
80 g weisser Reis
1 Prise Safranfäden
400–500 ml Gemüsebrühe
400 g gemischtes Gemüse (z.B. Karotten, Broccoli, Wirz, Kefen/Zuckerschoten, Spinat, Fenchel)
1 EL gehackte Petersilie

Zwiebel, Knoblauch, Thymian und Lorbeerblatt im Olivenöl andünsten. Reis und Safranfäden dazugeben und kurz mitdünsten. Mit der Gemüsebrühe ablöschen und 5 Minuten leicht kochen lassen. Das Gemüse beigeben und weitere 12–15 Minuten kochen, bis Gemüse und Reis gar sind. Je nach gewünschter Konsistenz noch etwas Brühe nachgiessen.

Für Blutgruppe 0 können nach Belieben noch einige Riesencrevetten dazugegeben werden; diese kurz vor Ende der Garzeit beifügen und 5–10 Minuten mitdünsten.

## Gemüserisotto Primavera

120 g Vollkornreis
400 ml Wasser
1 Lorbeerblatt
Gemüseextrakt zum Würzen

*Gemüseragout (ca. 400 g Gemüse):*
1 kleine Zwiebel, gehackt
1 Knoblauchzehe, gepresst
1 EL Olivenöl extravergine
1 kleine Zucchini, klein gewürfelt oder geraffelt
120 g grüne Erbsen, frisch oder tiefgekühlt
100 g Karotten, geraffelt oder fein gewürfelt
100 ml Weisswein
ca. 200 ml Gemüsebrühe
2–3 EL frische Kräuter, gehackt (z.B. Rosmarin, Thymian, Petersilie, Basilikum)
2 EL Petersilie, gehackt
1 EL Olivenöl extravergine, nach Belieben
Kräutermeersalz

Den Reis heiss abspülen und mit dem Lorbeerblatt ohne Salz im Wasser 15–20 Minuten köcheln lassen, dann auf der ausgeschalteten Herdplatte ausquellen lassen. Erst wenn der Reis gar ist, salzen oder mit dem Gemüseextrakt abschmecken. (Wird er bereits mit Salz gekocht, werden die Körner nicht weich.)
Zwiebel und Knoblauch im Olivenöl andünsten, sämtliche Gemüse dazugeben und mitdünsten. Mit etwas Weisswein ablöschen und die Gemüsebrühe dazugiessen. 6–8 Minuten köcheln lassen.
Dann den fertig gegarten Reis dazugeben und nochmals mit aufkochen. Mit gehackten Kräutern und Kräutersalz abschmecken, je nach gewünschter Konsistenz noch etwas Gemüsebrühe dazugeben und nach Belieben mit Olivenöl verfeinern.

*Kürbis-Karotten-Risotto*

Tipp: Variieren Sie je nach Jahreszeit das Gemüse, im Herbst z.B. Zucchini, Lauch, Wirz (Wirsing) und Kürbis verwenden und im Frühling Spinat und grüne Spargeln.

## Kürbis-Karotten-Risotto

1 EL Olivenöl extravergine
1 kleine Zwiebel, gehackt
1 Knoblauchzehe, gepresst
150 g Tessiner oder anderer Risottoreis
100 ml Weisswein
1 l Gemüsebrühe
400 g halb Karotten, halb Kürbis (am besten Oranger Knirps), grob geraffelt
1–2 EL Olivenöl extravergine zum Abschmecken
50 g Ziegenfrischkäse oder Pecorino
Kräutermeersalz

Das Olivenöl erhitzen und darin Zwiebel und Knoblauch andünsten. Den Reis dazugeben, mit dem Weisswein ablöschen und einen Teil der Gemüsebrühe angiessen. Etwa 20 Minuten kochen lassen, dabei immer wieder Brühe dazugiessen, dann Kürbis und Karotten dazugeben und wieder mit Brühe aufgiessen. Weitere 10–12 Minuten köcheln lassen, bis das Gemüse und der Reis gar sind. Mit Olivenöl und dem zerdrückten Ziegenkäse verfeinern. Mit Petersilie bestreut servieren.

## Lachscarpaccio mit Rucola

250 g roher Frischlachs
1/2 Zitrone, Saft
1 Frühlingszwiebel mit 1/3 Grün, in feine Ringe geschnitten, oder 1 kleine Zwiebel, in feine Ringe geschnitten
1/2–1 Bund Rucola (ca. 70 g), fein geschnitten oder ganze Blätter
2 EL Olivenöl extravergine zum Abschmecken
Kräutermeersalz

Das Lachsfleisch mit einen scharfen Messer in feine Scheiben schneiden. Auf einer Platte anrichten, mit Zitronensaft beträufeln und mit Kräutermeersalz würzen.
Rucola und Frühlingszwiebel darauf verteilen und mit Olivenöl beträufelt servieren.

## Tagliatelle mit Lachs

150 g Dinkel-Tagliatelle
2 EL Olivenöl extravergine
1 Knoblauchzehe, gehackt
150 g Frischlachs, in kleine Würfel geschnitten
1/2 EL Zitronensaft
1/2 EL glattblättrige Petersilie, gehackt
Meersalz

Die Teigwaren nach Anleitung kochen.
Das Olivenöl erhitzen und den Knoblauch darin andünsten, die Fischstücke dazugeben und salzen. Kurz braten, dann Zitronensaft und Petersilie darunter mischen. Unter die gekochten Nudeln mischen und mit frischem Olivenöl beträufelt servieren.

*Lachscarpaccio mit Zitrone und Rucola*

## Lachsfilet mit Broccolisauce

*Broccolisauce:*
200 g Broccoli, klein geschnitten
300 ml Gemüsebrühe
1 EL Olivenöl oder Sojarahm (Reformhaus)
Kräutermeersalz

2 Lachsfilets, ca. 300 g
wenig Zitronensaft
1–2 EL Olivenöl
Kräutermeersalz

Den Broccoli in der Gemüsebrühe weich kochen. Die Gemüsebrühe in eine Schüssel abgiessen, wenig Gemüsebrühe wieder zum Broccoli geben und diesen mit dem Stabmixer pürieren. Falls nötig nochmals etwas Gemüsebrühe beigeben, so dass eine sämige Sauce entsteht. Am Schluss mit Olivenöl oder Sojarahm verfeinern und abschmecken.
Die Lachsfilets mit Zitronensaft beträufeln und kurz marinieren. Etwas trockentupfen und im heissen Olivenöl auf beiden Seiten braten. Mit Kräutermeersalz würzen und zusammen mit der Broccolisauce servieren.

## Schwertfischsteak auf Karotten-Zucchini-Spaghetti

*Gemüse:*

| | |
|---|---|
| 2 | Karotten, in feine Streifen (Julienne) geschnitten |
| 2 | mittlere Zucchini, in feine feine Streifen (Julienne) geschnitten |
| 1 | Knoblauchzehe, gehackt |
| 1 Zweig | Thymian |
| 2 EL | Olivenöl extravergine |
| evtl. etwas | Weisswein |
| 1/2 Bund | glattblättrige Petersilie |
| 1 Prise | Ingwer |
| | Kräutermeersalz |
| | |
| 2 | Schwertfischsteaks à ca. 180 g |
| 1/2 | Zitrone, Saft |
| | Kräutermeersalz |
| | Olivenöl extravergine zum Braten |

Die Gemüsestreifen zusammen mit dem Knoblauch und etwas abgezupften Thymianblättern im heissen Olivenöl 5–6 Minuten unter Rühren braten, falls nötig wenig Weisswein zugeben und das Gemüse bissfest garen. Mit Petersilie, Ingwer und Salz abschmecken.
Die Fischsteaks würzen, in Olivenöl kurz von beiden Seiten knusprig braten und auf dem Gemüse anrichten. Nach Belieben mit etwas Limonenöl (siehe Tipp Seite 60) verfeinern und mit Zitronenschnitzen garniert servieren.

## Scharfe Broccolipfanne mit Ingwer und Riesengarnelen

Für Blutgruppe 0 den Mais weglassen.

| | |
|---|---|
| 1–2 EL | Olivenöl extravergine |
| 1 | kleine Zwiebel oder Schalotte, in feine Ringe geschnitten |
| 1 | Broccoli (ca. 350 g), in Röschen geteilt |
| 120 g | Minimaiskolben aus dem Glas oder Maiskörner |
| 1 | kleines Stück Ingwerwurzel, fein gerieben |
| 1/2 TL | scharfer Curry |
| 1/2 TL | Gelbwurz (Kurkuma) |
| 150–200 ml | Gemüsebrühe |
| 8–12 | Riesengarnelenschwänze (ersatzweise Fischfilet nach Wahl) |
| 1 Prise | mittelscharfes Curry |
| | Olivenöl extravergine zum Braten |
| | Kräutermeersalz |

Das Olivenöl erhitzen und die Zwiebelringe darin kurz anbraten. Die Broccoliröschen und die Minimaiskolben dazugeben. Mit Ingwer, Curry und Gelbwurz würzen. Mit wenig Gemüsebrühe ablöschen und zugedeckt auf kleiner Flamme 10 Minuten knackig dünsten.
Kurz vor Ende der Garzeit die Garnelenschwänze salzen und mit Curry bestäuben. In heissem Olivenöl kurz knusprig braten und auf dem Broccoligemüse anrichten.

*Scharfe Broccolipfanne mit Ingwer und Riesengarnelen*

## Zitronenthunfisch auf Curry-Zucchini-Lauch

*Curry-Zucchini-Lauch:*

1 Knoblauchzehe, gepresst
1 Zwiebel, fein gewürfelt
2 EL Olivenöl extravergine
1 Stange Lauch (200 g), schräg in Streifen geschnitten
2 kleine junge Zucchini (250 g), schräg in Ringe geschnitten
1½ TL mittelscharfes Currypulver
400 ml Gemüsebrühe
1 Stück Zitronengras, nach Belieben
½ Zitrone, Saft und abgeriebene Schale
evtl. 1 EL Pinienkerne

Ca. 400 g frisches Thunfischfilet
½ Zitrone, Saft
1 Zweig Thymian
2 EL Olivenöl extravergine
1 EL glattblättrige Petersilie, gehackt
Zitronensalz oder Kräutermeersalz

Knoblauch und Zwiebel im Olivenöl kurz andünsten. Die Lauchstreifen und Zucchiniringe dazugeben, mit Curry bestäuben und mit der Gemüsebrühe ablöschen. Das Zitronengras beifügen und alles zugedeckt 8–10 Minuten köcheln lassen; der Lauch sollte noch Biss haben. Mit Zitronenschale, wenig Zitronensaft und Meersalz abschmecken. Mit gerösteten Pinienkernen bestreuen.
Den Fisch mit Zitronensaft, Thymian und Salz würzen und kurz von beiden Seiten im heissen Olivenöl braten. Auf dem Lauch-Zucchini-Gemüse anrichten und mit Petersilie bestreut servieren.

*Zitronenthunfisch auf Curry-Zucchini-Lauch*

Tipp: Besonders delikat wird das Gericht, wenn man es vor dem Servieren mit Zitronenöl beträufelt. Dieses Öl wird durch das gemeinsame Pressen von Oliven und biologischen Zitronen gewonnen und passt auch zu allen anderen Fischgerichten in diesem Buch. Bezugsquelle siehe Seite 116.

## Thunfischtatar an Limonenvinaigrette

Für Blutgruppe A die Cherrytomaten als Garnitur weglassen.

Für 2 Personen als leichtes Hauptgericht im Sommer

400 g fangfrischer Thunfisch oder Schwertfisch
Saft von 1–2 Limetten, ersatzweise Zitronensaft
4 EL Olivenöl extravergine
1 Bund Rucola, fein geschnitten
1–2 Knoblauchzehen, in dünne Scheiben geschnitten
Oliven, Cherrytomaten als Garnitur
Kräutermeersalz

Den gut gekühlten, eventuell kurz angefrorenen Thunfisch mit einem scharfen Messer sehr fein hacken. Mit Limettensaft, 2 EL Olivenöl und Kräutermeersalz abschmecken.
Den Rucola fein schneiden und auf Tellern verteilen. Mit Salz bestreuen und mit wenig Limettensaft und Olivenöl beträufeln.
Das Thunfischtatar in der Mitte darauf anrichten. Mit Knoblauchscheibchen bestreuen und sofort servieren.

## Seeteufelragout mit Artischockenherzen

Für Blutgruppe 0 mit Peperoni, für A mit Zucchini.
Für Blutgruppe A die Pfefferschote weglassen.

| | |
|---|---|
| 400 g | Seeteufelfilet, in Würfel geschnitten |
| 1/2 | Zitrone, Saft |
| 1 EL | Olivenöl |
| 2 | grüne Peperoni (Paprika), in Würfel geschnitten (für 0) oder |
| 2 | junge Zucchini, in Scheiben geschnitten (für A) |
| 1/2 | kleine rote Pfefferschote, in feine Ringe geschnitten |
| 1 | Knoblauchzehe, gehackt |
| 150 ml | Gemüsebrühe |
| 1 Dose | Artischockenherzen oder 240 g tiefgekühlte |
| 2 EL | fein gehackte glattblättrige Petersilie |
| | Kräutermeersalz |

Die Fischfiletwürfel salzen und mit Zitronensaft beträufeln.
Das Olivenöl erhitzen und die Peperoni bzw. Zucchini mit dem Knoblauch darin anbraten. Mit wenig Gemüsebrühe ablöschen und das Gemüse 5–8 Minuten dünsten.
Die Artischockenherzen abschütten, nach Belieben halbieren, dazugeben und weitere 4 Minuten dünsten. Abschmecken.
Die Fischwürfel entweder zusammen mit den Artischockenherzen zum Gemüse geben und mitdünsten oder separat in etwas Olivenöl kurz braten und zuletzt unter das Gemüse mischen. Mit Petersilie und Olivenöl abschmecken und servieren.

Dazu passt Reis oder nur Salat.

## Seeteufel auf Spargel-Austernpilz-Ragout

| | |
|---|---|
| 1 Bund | grüne Spargeln (500 g) |
| 1 Bund | Frühlingszwiebeln, in Ringe geschnitten |
| 2 EL | Olivenöl extravergine |
| 150 g | Austernpilze, in Streifen geschnitten |
| 1/2 TL | mittelscharfes Curry |
| 1 EL | glattblättrige Petersilie, gehackt |
| 2 Scheiben | Seeteufelfilet à ca. 180 g |
| 1/2 | Zitrone, Saft |
| 1 Zweig | Thymian |
| 1–2 EL | Olivenöl extravergine zum Braten |
| | Kräutermeersalz |

Die Spargeln im unteren Drittel schälen und in etwa 3 cm lange Stücke schneiden. Die Spargeln über Dampf oder in wenig Salzwasser rund 8 Minuten garen und kurz kalt abschrecken.
Die Frühlingszwiebeln im Olivenöl andünsten. Die Austernpilze dazugeben und 8 Minuten unter Rühren braten, mit Curry und Meersalz würzen. Zuletzt die fertig gegarten Spargeln kurz mitwärmen und abschmecken.
Das Fischfilet mit Salz, Zitronensaft und Thymianblättern würzen. Die Fischfilets in heissem Olivenöl von jeder Seite 3–6 Minuten braten. Auf dem Spargel-Pilz-Ragout anrichten und servieren.

*Seeteufelragout mit Artischockenherzen*

*Wolfsbarsch mit grünen Oliven aus dem Ofen*

## Wolfsbarsch mit grünen Oliven aus dem Ofen

| | |
|---|---|
| 2 | Wolfsbarsche à ca. 350 g, vom Fischhändler geputzt und ausgenommen |
| je 1 Zweiglein | frischer Rosmarin, Salbei und Thymian |
| 1 | Zitrone oder Limette, in feine Scheiben geschnitten |
| 1–2 | kleine Zwiebeln, in Ringe geschnitten |
| 1–2 EL | grüne Oliven, nach Belieben |
| 4 EL | Olivenöl extravergine |
| | Meersalz |

Den Fisch salzen und in eine geölte Gratinform legen. Mit den Kräutern füllen und belegen.
Den ganzen Fisch mit Zitronenscheiben und Zwiebelringen belegen. Die Oliven dazugeben. Mit Olivenöl beträufelt im vorgeheizten Ofen bei 220 Grad rund 30 Minuten garen.

Mit Gemüse und Salat nach Wahl servieren.

Tipp: Dieses Rezept eignet sich auch für andere ganze Fische, z.B. Lachsforelle, Goldbrasse oder Forellen.

## Wolfsbarsch-Wirz-Röllchen auf Gemüse

| | |
|---|---|
| 2 | schöne Wirzblätter (Wirsing) |
| 4 | Wolfsbarschfilets, ca. 300 g (beim Fischhändler bestellen) |
| 1/2 | Zitrone, Saft |
| | Meersalz oder Kräutermeersalz |
| | *Gemüse:* |
| 250 g | junger Wirz |
| 1 | kleine Zwiebel, gewürfelt |
| 1 EL | Olivenöl extravergine |
| 1 Prise | scharfes Curry |
| 150–200 g | kleine Kürbiswürfel, am besten Moschuskürbis |
| 1 Zweig | Thymian |
| 1 EL | Olivenöl extravergine zum Abschmecken |
| | Meersalz |

Die Wirzblätter kurz (ca. 5 Minuten) in Salzwasser überwallen und kalt abschrecken. Den Wirz für das Gemüse ebenfalls vorkochen (etwas Kochwasser zurückbehalten).
Die Fischfilets mit Zitronensaft und Salz würzen. Mit den passend zurechtgeschnittenen Wirzblättern belegen und einrollen, mit einem Zahnstocher befestigen.
Die für das Gemüse gedämpften Wirzblätter in feine Streifen schneiden und zusammen mit der Zwiebel in Olivenöl andünsten. Mit Curry und Salz würzen. Mit wenig vom beiseite gestellten Kochwasser ablöschen und etwa 3 Minuten kochen lassen. Dann die Kürbiswürfel dazugeben und zuletzt die Fischröllchen auf das Gemüse legen. Zugedeckt 8–9 Minuten dämpfen.
Die Fischröllchen auf dem Gemüse anrichten und mit Olivenöl beträufelt servieren.

# Fischburger mit Gemüse

200 g Dorschfilets oder Fischfilet nach Angebot
1 TL frisch gepresster Zitronensaft
80 g Dinkelbrot ohne Rinde
100 ml heisse Gemüsebrühe
1 kleine Zwiebel, sehr fein gehackt
1 Knoblauchzehe, gepresst
1/2 Bund Petersilie, fein gehackt
1/2 Bund Schnittlauch, fein geschnitten
100 g Sellerie, grob gerieben
1 Freilandei
1 TL Sojasauce
Kräutermeersalz
wenig Paprika edelsüss
5 Basilikumblätter, fein geschnitten
Dinkelpaniermehl (altbackenes Dinkelbrot mit dem Wallholz zermahlen)
3 EL Olivenöl extravergine

*Meerrettichdip:*
2–3 EL Sojarahm (Reformhandel)
1 TL geriebener Meerettich, frisch oder aus dem Glas
2–3 TL Ziegenfrischkäse
Meersalz

Die Fischfilets mit Zitronensaft beträufeln und mit einem scharfen Messer sehr fein hacken.
Das Dinkelbrot zerreiben, mit der heissen Gemüsebrühe begiessen und quellen lassen.
Zwiebel, Knoblauch, Petersilie und Schnittlauch zum Fisch geben und mit dem eingeweichten Dinkelbrot mischen. Das Ei mit Sojasauce, Gewürzen und Basilikum verklopfen und zuletzt beigeben.
Die feuchte Masse von Hand gut mischen, in Portionen teilen und daraus Burger formen.
Die Burger im Dinkelpaniermehl wenden und im heissen Olivenöl beidseitig 4–5 Minuten hellbraun braten.

Alle Zutaten zum Dip verrühren und zu den Fischburgern servieren.

Tipp: Anstelle von Sellerie andere Saisongemüse verwenden.

Dazu Salat servieren.

# Forellenfilet auf Ingwergemüse

1 Karotte, in Streifen geschnitten
5 Champignons, in Scheiben geschnitten
1/2 kleine Stange Lauch, in Streifen geschnitten
1 kleines Stück frischer Ingwer, gerieben
50 g weisse Sojasprossen
400 g Forellenfilet oder Fischfilet nach Wahl
1/2 Zitrone, Saft
1 EL glattblättrige Petersilie, gehackt
Olivenöl extravergine zum Abschmecken
Meersalz

Das Gemüse in einem Dampfeinsatz verteilen.
Die Fischfilets aufrollen, salzen und mit wenig Zitronensaft beträufeln. Auf das Gemüse setzen und alles zusammen etwa 10 Minuten dämpfen. Mit geriebenem Ingwer, Meersalz und Olivenöl abschmecken.

Dazu Reis und Salat servieren.

*Fischburger mit Gemüse*

## Schwertfisch auf Zucchini-Tomaten-Gemüse

Für Blutgruppe A Tomaten und Pfeffer weglassen.

| | |
|---|---|
| 2 Tranchen | Schwertfisch à 180–200 g |
| 1/2 | Zitrone, Saft |
| | Kräuter (Thymian, Salbei, Rosmarin), fein gehackt |
| 1–2 EL | Olivenöl extravergine zum Braten |
| | Meersalz |

*Gemüse:*

| | |
|---|---|
| 250 g | junge Zucchini, evtl. mit Blüten |
| 3 | sonnengereifte Tomaten |
| 1–2 | Knoblauchzehen, gepresst |
| 2 EL | Olivenöl extravergine |
| evtl. wenig | Gemüsebrühe |
| evtl. wenig | Pfeffer |
| 1/2 Bund | frischer Basilikum, in feine Streifen geschnitten |
| | Kräutermeersalz |

Den Schwertfisch salzen und mit Zitronensaft beträufeln. Mit den fein gehackten Kräutern bestreuen.
Die Zucchini mitsamt Blüten in feine Scheiben schneiden. Die Tomaten häuten, entkernen und in Würfel schneiden. Die Zucchini mit dem Knoblauch im heissen Olivenöl 5 Minuten dünsten, falls nötig mit wenig Brühe aufgiessen. Die Tomatenwürfel dazugeben und kurz erwärmen, mit Kräutermeersalz (sowie Pfeffer) und gehackten Kräutern abschmecken.
In der Zwischenzeit den Schwertfisch im Olivenöl von jeder Seite 4–5 Minuten braten (Dauer je nach der Dicke der Scheiben). Auf dem Gemüse anrichten.
Mit Basilikumstreifen bestreut servieren.

## Asiatisches Fischgericht

Für Blutgruppe A Cayennepfeffer weglassen.

| | |
|---|---|
| 300 g | Heilbuttfilets (für 0) oder 300 g Felchen (für 0 und A) oder Fischfilet nach Angebot |
| wenig | Dinkelvollkornmehl |
| 1 | Freilandei |
| 1 Msp. | Kräutermeersalz |
| 1 Msp. | Paprikapulver edelsüss |
| 1 TL | Sojasauce |
| 40 g | Sesamsamen |
| 3–4 EL | Olivenöl extravergine |

*Gemüse:*

| | |
|---|---|
| 1 | Zwiebel, gehackt |
| 200 g | Broccoli, in Röschen |
| 4 | Austernpilze, in Streifen geschnitten |
| 100 g | weisse Sojasprossen |
| 1 cm | frische Ingwerwurzel, geschält, gehackt |
| wenig | Cayennepfeffer |
| 1 EL | Olivenöl extravergine |
| 1 EL | Sojasauce |
| ca. 100 ml | Gemüsebrühe |
| 1/2 TL | Agavendicksaft oder wenig Vollrohrzucker |

Den Fisch in 2–3 cm breite und 5 cm lange Stücke schneiden. Sparsam mit Dinkelmehl bestäuben.
Ei, Salz, Paprikapulver und Sojasauce verklopfen, den Fisch darin wenden. Dann in den Sesamsamen wenden und diese gut andrücken.
Die Fischfiletstreifen im Olivenöl bei mittlerer Hitze hellbraun braten.
In der Zwischenzeit das Gemüse im Wok zubereiten: Zwiebel, Broccoli, Austernpilze, Sojasprossen, Ingwer und Cayennepfeffer im Olivenöl andünsten. Sojasauce, Gemüsebrühe und Agavendicksaft verrühren und zum Gemüse geben. 4–5 Minuten leicht rührbraten.
Den Fisch auf dem Gemüse anrichten und servieren.

Dazu Reis oder Dinkelnudeln und Salat servieren.

# Felchenfilet mit Ziegenkäsekruste auf Fenchelgemüse

| | |
|---|---|
| 4 | mittelgrosse Felchenfilets |
| 50 g | Ziegenfrischkäse mit Kräutern |
| 200 g | Fenchel, fein gehobelt |
| 1 EL | Olivenöl extravergine |
| ½ | Zitrone, in feine Scheiben geschnitten |
| 1 Zweiglein | frischer Dill |
| | Kräutermeersalz |

Den Ofen auf 180 Grad vorheizen.
Die Felchenfilets mit dem Ziegenfrischkäse bestreichen.
Den Fenchel in wenig Olivenöl kurz dämpfen und mit Salz abschmecken.
Einen Bratbeutel oder Alufolie auf ein Backblech legen.
Den Fenchel auf der Folie oder im Bratbeutel verteilen und die Felchenfilets darauf geben, mit den Zitronenscheiben belegen und 10–15 Minuten im vorgeheizten Ofen garen. Mit einem frischen Dillzweig garniert servieren.

Dazu passt Reis und Salat.

## Pouletgeschnetzeltes mit Sojasprossen-Karotten-Gemüse

250 g Pouletfleisch, in Streifen geschnitten
2 EL Olivenöl extravergine
1 Schalotte, in feine Ringe geschnitten
200 g Karotten, mit dem Kartoffelschäler in feine Streifen geschnitten
½ TL mittelscharfes Curry
wenig Ingwer, frisch gerieben
2 EL Marsala, nach Belieben
250 g weisse Sojasprossen
5 frische Salbeiblätter, in feine Streifen geschnitten
2 EL glattblättrige Petersilie, gehackt
Kräutermeersalz

Das Pouletfleisch leicht salzen.
In einer weiten Pfanne oder im Wok das Olivenöl erhitzen und das Pouletfleisch darin scharf anbraten. Die Schalottenringe dazugeben und mitdünsten. Die Karottenstreifen beifügen und mit Curry und Ingwer würzen. Mit dem Marsala ablöschen und 3–4 Minuten unter Rühren braten. Die Sojasprossen und den Salbei dazugeben und weitere 2–3 Minuten dünsten. Die Petersilie beifügen und mit Salz abschmecken.

Zusammen mit einem Salat servieren.

Tipp: Als vegetarische Variante für beide Blutgruppen mit Sesamtofu, siehe Seite 117, servieren.

## Pouletschenkel mit Zitrone und Kräutern

*Marinade:*
125 ml Weisswein
1 Zitrone, Saft
1 EL Olivenöl extravergine
gemischte Kräuter (Rosmarin, Thymian, Salbei, Oregano), gehackt
1 kleine Zwiebel, fein gehackt
Kräutermeersalz

2 Pouletschenkel
Olivenöl zum Braten
1 ungespritzte Zitrone

Aus dem Weisswein, dem Saft einer Zitrone, dem Olivenöl, den gehackten Kräutern, Zwiebel und Salz eine Marinade herstellen. Die Pouletschenkel für mindestens 4 Stunden in der Marinade ziehen lassen.
Die Pouletschenkel in einem Schmortopf in Olivenöl anbraten, mit der Marinade aufgiessen und 30–40 Minuten leise köcheln lassen.
Die zweite Zitrone in Viertel schneiden, für die letzten 10 Minuten dazugeben und mitkochen, bis das Fleisch gar ist. Falls nötig noch etwas Brühe angiessen.
Das Fleisch mit frisch gehackten Kräutern bestreut zusammen mit Gemüse und Reis servieren.





*Pouletgeschnetzeltes mit Sojasprossen-Karotten-Gemüse*

## Broccolisalat mit Pouletstreifen

200 g Pouletbrüstchen, in Streifen geschnitten
2 EL Olivenöl extravergine
100 g Broccoli, in kleine Röschen geteilt

*Sauce:*
½ TL Senf
3 EL Zitronensaft
2 EL Olivenöl extravergine
100 ml Gemüsebrühe
1 TL Curry mild
1½ TL frische Dillspitzen
Kräutermeersalz

Blattsalat (ca. ½ Kopf Salat)

Die Pouletstreifen im Olivenöl rund herum anbraten und auskühlen lassen.
Die Broccoliröschen über Dampf 5–6 Minuten knackig garen, kalt abschrecken.
Aus Senf, Zitronensaft, Olivenöl, Gemüsebrühe, Curry, Dill und Meersalz eine Sauce rühren. Die Pouletstreifen und die Broccoliröschen mit der Sauce mischen und zuletzt die Salatblätter sorgfältig darunter mischen. Sofort servieren.

## Pouletspiesschen mit Sommergemüse

Für 4 Spiesse

Für Blutgruppe A die Peperoni weglassen und dafür mehr Pilze nehmen.

100 g Zucchini, in Scheiben oder Würfel geschnitten
80 g gelbe oder grüne Peperoni (Paprika)
80 g kleine ganze Champignons
200 g Pouletbrust (Hähnchenbrust), in Würfel geschnitten
1 Bund Frühlingszwiebeln oder kleine Zwiebeln, in Viertel geschnitten
10 frische Lorbeerblätter
½ Zitrone, Saft
2 EL Olivenöl extravergine
1 TL getrocknete Provencekräuter
einige frische Kräuterzweige, z. B. Salbei, Rosmarin, Thymian, wenn verfügbar
Kräutermeersalz

Das Gemüse über Dampf 3–4 Minuten knackig dünsten.
Das Gemüse abwechselnd mit dem Fleisch, den rohen Zwiebeln und den Lorbeerblättern auf Spiesse stecken. Die Spiesse salzen und mit Zitronensaft, Olivenöl und Provencekräutern würzen. Zugedeckt mindestens 2 Stunden im Kühlschrank durchziehen lassen.
Die Grillpfanne erhitzen und die Spiesse darin von allen Seiten langsam grillieren, dabei einige Kräuterzweige darüber legen – gibt einen feinen Geschmack. Mit einem Saisonsalat servieren.

Tipp: Für Blutgruppe A kann das Gericht statt mit Pouletfleisch mit Tofuwürfeln zubereitet werden. Die Tofuwürfel vor der Verwendung mindestens 30 Minuten mit Sojasauce marinieren.

*Pouletspiesschen mit Sommergemüse*

## Spargelragout mit Mais und Poulet

Für Blutgruppe 0 den Mais weglassen.

500 g grüne Spargel, in Stücke geschnitten
½ Bund Frühlingszwiebeln mit Grün, in Ringe geschnitten
2 EL Olivenöl extravergine
150 ml Gemüsebrühe
150 g Maiskörner aus dem Glas/Dose
300 g Pouletgeschnetzeltes
Kräutermeersalz

Die Spargel im unteren Drittel schälen und schräg in 2 cm lange Stücke schneiden. Mit den Zwiebelringen im heissen Öl kurz braten, mit der Gemüsebrühe ablöschen und 6–8 Minuten dünsten. Die Maiskörner dazugeben.
Das Fleisch würzen und separat in Olivenöl kurz braten. Auf dem Spargelragout anrichten.

## Zucchini mit Lammhackfüllung und Feta

Für Blutgruppe A mit Tofu statt Lammfleisch zubereiten.

2 mittelgrosse Zucchini
1 EL Zitronensaft
200 g Lammhackfleisch oder gehacktes Rindfleisch
100 g Feta, mit der Gabel zerdrückt
1 Freilandei
½ Bund glattblättrige Petersilie, gehackt
1 EL Olivenöl extravergine
125 ml Gemüsebrühe
frische Pfefferminze
Kräutermeersalz

Die Zucchini waschen und die beiden Enden kappen. Der Länge nach halbieren und mit einem Kugelausstecher aushöhlen. Die Zucchinihälften mit Zitronensaft einstreichen und salzen.
Das Hackfleisch mit Feta, Ei und Petersilie mischen und gut würzen.
Den Backofen auf 180 Grad vorheizen. Die Fleischmasse in die Zucchinihälften füllen, die gefüllten Zucchini in eine Gratinform stellen, etwas Gemüsebrühe angiessen und die Zucchini rund 40 Minuten schmoren.
Mit Minze garniert servieren.

Dazu Reis und Salat servieren.

Tipp: Die Garzeit verringert sich, wenn man die Zuchinihälften vorher kurz blanchiert.

## Marinierter Lammspiess mit Frühlingszwiebeln

Für Blutgruppe A statt Lamm Seeteufel oder Pouletfleisch nehmen und Sambal Oelek weglassen.

*Marinade:*

- 1/2 TL Sambal Oelek nach Belieben
- 1 EL Olivenöl extravergine
- 1 Knoblauchzehe, gehackt
- 1/4 Zitrone, Saft
- Kräutermeersalz

- 250 g Lammrückenfilet, in Würfel geschnitten
- 4 Frühlingszwiebeln mit Grün
- Paprika edelsüss
- Olivenöl extravergine zum Braten

Das Sambal Oelek mit Olivenöl und Knoblauch mischen. Kräutermeersalz und Zitronensaft beifügen und das Fleisch darin 30 Minuten oder länger marinieren. Das Fleisch abwechselnd mit den Frühlingszwiebeln auf Spiesse stecken und in Olivenöl braten.

Dazu Salat und Gemüse nach Wahl, z.B. grünen Bohnen oder Karotten servieren.

Variante: Peperoni-(Paprika-)Stücke mit auf die Spiesse stecken.

## Sizilianisches Karottengemüse mit Rosinen und Lamm

Für Blutgruppe A das Fleisch weglassen und als Gemüsegericht servieren. Für Blutgruppe 0 das Zimtpulver weglassen.

- 2 EL Olivenöl extravergine
- 2 Schalotten, gehackt
- 500 g Karotten, in Scheiben geschnitten
- 1/2 TL Zimtpulver
- 100 ml Weisswein
- 100 ml Gemüsebrühe
- 1/2 EL Zitronensaft
- 2 EL Sultaninen
- Meersalz

- 6 Lammkoteletts oder 2 Lammfilets
- Thymian
- Meersalz
- Olivenöl extravergine zum Braten

Das Olivenöl erhitzen und darin die Schalotten und die Karotten andünsten. Mit Zimt würzen und mit Wein ablöschen. Mit der Gemüsebrühe auffüllen, Zitronensaft und Sultaninen dazugeben und alles langsam weich kochen. Abschmecken.

Dazu Lammkoteletts oder Rind, mit Meersalz und Thymian gewürzt und in Olivenöl kurz gebraten, servieren.

## Lammkotelett auf Grillgemüse

Für 2 Personen

Für Blutgruppe A mit Fisch, Pouletbrust oder gegrilltem Tofu statt Lammkoteletts zubereiten.

- 6 ganze Knoblauchzehen in der Schale
- 1 grosse Gemüsezwiebel, geviertelt oder in Scheiben geschnitten
- 2 Zucchini (ca. 400 g), längs in feine Scheiben geschnitten
- ½ Zitrone, Saft
- etwas Olivenöl extravergine
- Kräutermeersalz

- 6 Lammkoteletts
- Provencekräuter
- 1 Zweig Rosmarin, wenn verfügbar
- 1 EL Olivenöl extravergine
- 10 Blätter frische Pfefferminze

Die Knoblauchzehen in der Schale in wenig Salzwasser etwa 5 Minuten kochen. Herausnehmen.
Zwiebel, Zucchinischeiben und die ganzen Knoblauchzehen in der Schale nach und nach auf dem Grill oder in der Grillpfanne ohne Fett grillieren (ca. 10 Minuten). Auf einer Platte anrichten, mit Salz bestreuen und mit wenig Zitronensaft und Olivenöl beträufeln.
Die Lammkoteletts salzen und mit Provencekräutern bestreuen. Zusammen mit dem Rosmarin im heissen Öl braten oder grillieren und auf dem Grillgemüse anrichten.
Mit frischen Minzeblättchen garniert servieren.

Dazu passen Salat und Chapatis (Rezept Seite 44).

*Lammkotelett auf Grillgemüse*

## Rindshacksteaks mit Gemüse

Für Blutgruppe A kann statt Rindshackfleisch 200 g verriebener Tofu verwendet werden.

- 200 g Rindshackfleisch
- 150 g Kürbis (Potimarron), fein gerieben, oder Zucchini
- 1 Freilandei
- 1 kleine Zwiebel, fein gehackt
- 1 Knoblauchzehe, gepresst
- ½ TL Provencekräuter oder Petersilie
- abgeriebene Zitronenschale, nach Belieben
- 1 Prise scharfer Curry
- Olivenöl extravergine zum Braten
- Kräutermeersalz

Alle Zutaten mischen und daraus Burger formen.
In Olivenöl von beiden Seiten knusprig braten.
Zusammen mit Gemüse und Salat serviert ergibt dies eine komplette Mahlzeit.

## Rotweinfeigen mit Zabaione

Für Blutgruppe 0 die Zimtstange weglassen.

| | |
|---|---|
| 3 | süsse, gut reife frische Feigen |
| 100 ml | fruchtiger Rotwein |
| 1 EL | Birnendicksaft oder Agavendicksaft |
| 1/2 | Zimtstange |
| 1/2 | Zitrone, Saft |

*Zabaione:*

| | |
|---|---|
| 4 EL | Rotwein |
| 1 EL | Grand Marnier, nach Belieben |
| 1 EL | Birnendicksaft oder Agavendicksaft |
| 1 | Freilandei |
| 1 | Eigelb (Freilandei) |

Die Feigen waschen und mit der Schale in Viertel schneiden.
Den Rotwein mit der Zimtstange und dem Birnendicksaft kurz aufkochen. Die Feigenviertel in den Rotweinsud geben und darin einmal kurz bis vor den Siedepunkt aufkochen. Die Feigen sofort herausnehmen und gut abtropfen lassen.
Den Rotweinsud auf die Hälfte einkochen lassen und mit etwas Zitronensaft abschmecken.
Die Feigen in tiefen Tellern anrichten und mit dem eingekochten Rotweinsaft beträufeln. Kühl stellen.
Für die Zabaione den Rotwein mit Grand Marnier, Birnendicksaft, Ei und Eigelb glatt rühren. Die Masse vor dem Servieren über dem Wasserbad zu einer dicklichen Creme aufschlagen, sofort über die Feigen verteilen und unverzüglich servieren.

Tipp: Statt Feigen kann das Rezept auch mit frischen Aprikosen und statt Rotwein mit Weisswein zubereitet werden.

*Rotweinfeigen mit Zabaione*

## Bratäpfel mit Haselnussfüllung

| | |
|---|---|
| 2 | säuerliche Äpfel zum Kochen, z.B. Boskoop |
| 1/2 | Zitrone, Saft |
| 50 g | geriebene Haselnüsse |
| 20 g | ungeschwefelte Rosinen |
| 1 EL | flüssiger Honig, z.B. Akazienblütenhonig |
| 50 ml | Wasser oder Weisswein |

Vom Apfel einen Deckel abschneiden. Den Apfel mit einem Kugelausstecher aushöhlen und das Fruchtfleisch sofort mit Zitronensaft bepinseln.
Haselnüsse, Rosinen, Honig und Weisswein verrühren. Die Äpfel mit der Masse füllen.
Im vorgeheizten Ofen bei 200 Grad 20–25 Minuten backen, bis sich das Fruchtfleisch mit einer Nadel leicht einstechen lässt.

## Energiekugeln

Ein praktischer Snack fürs Büro

Für Blutgruppe 0 Vanille bzw. Zimt weglassen.

| | |
|---|---|
| 100 g | Datteln, entsteint |
| 100 g | Rosinen |
| 100 g | Mandeln oder Haselnüsse |
| 1 | Zitrone, Saft |
| 1 Prise | Vanillepulver oder Zimt |
| | gemahlene Nüsse zum Wenden der Bällchen |

Datteln, Rosinen und Nüsse im Cutter oder mit dem Wiegemesser sehr fein hacken. Mit Zitronensaft und Vanille abschmecken. Mit leicht eingeölten Händen daraus kleine Bällchen formen und diese in gemahlenen Nüssen wenden. Im Kühlschrank 14 Tage haltbar.

## Aprikosen mit Honig-Wein-schaumsauce

Für Blutgruppe 0 den Zimt weglassen.

250 g frische Aprikosen
1/2 cm frischer Ingwer
200 ml Weisswein
1 EL Vollrohrzucker oder Agavendicksaft

*Weinschaumsauce:*
50 ml Pochierflüssigkeit der Aprikosen
1 Eigelb
1 TL Honig oder Agavendicksaft
2 Tropfen Zitronensaft
Zimt zum Bestreuen

Die Aprikosen entsteinen und halbieren.
Den Ingwer mit dem Kartoffelschäler schälen und in feine Scheiben schneiden.
Weisswein, Rohrzucker und Ingwer zusammen aufkochen. Die Aprikosen dazugeben und 3 Minuten im Sud pochieren. Herausnehmen und gut abtropfen lassen. Die Aprikosen in Teller oder Schälchen verteilen.
50 ml Pochierflüssigkeit beiseite stellen. Den Rest der Flüssigkeit einkochen und über die Aprikosen giessen, auskühlen lassen.
Den beiseite gestellten Aprikosensud mit Eigelb, Honig und Zitronensaft glatt rühren. Vor dem Servieren im Wasserbad zu einer dicklichen Creme aufschlagen. Sofort über die Aprikosen verteilen, mit Zimt bestreuen (nur für A) und servieren.

## Aprikosencreme mit getrockneten Aprikosen

10 getrocknete Bioaprikosen
1 EL Maranta-Tapioka-Mehlmischung (Reformhandel)
1/4 l Reismilch (Reformhandel)
1 TL Agavendicksaft oder Birnendicksaft
1 Msp. Ingwerpulver oder wenig frischer Ingwer, gerieben
1 Prise Meersalz
1 Zitrone, abgeriebene Schale
1 Freilandei

Die Aprikosen über Nacht in 100 ml Wasser einweichen. Die Aprikosen in kleine Stücke schneiden.
Das Maranta-Tapioka-Mehl mit wenig kalter Reismilch glatt rühren. Die restliche Reismilch mit dem Agavendicksaft, Ingwerpulver, Salz, Zitronenschale und den Aprikosenstücken mischen. Alles zusammen aufkochen, bis die Masse bindet. Vom Herd nehmen, das Eigelb in die noch lauwarme Masse einrühren und die Creme gut abkühlen lassen.
Zuletzt das zu steifem Schnee geschlagene Eiweiss vorsichtig darunter ziehen und die Creme sofort servieren.

## Süsse Frühlingsrollen mit Honigsauce

Für 4–6 Rollen

*Füllung:*

1 Apfel
1 Nektarine
25 g gehackte getrocknete Ananas
25 g gehackte getrocknete Aprikosen (ungeschwefelt)
25 g gemahlene Mandeln
80 g Vollrohrzucker
1 ungespritzte Zitrone, abgeriebene Schale
1 kleines Stück frischer Ingwer, fein gerieben

*Honigsauce:*

1 EL Akazienblütenhonig
3 EL Wasser oder Weisswein
1 Prise Agar-Agar
1 EL Zitronensaft

4–6 Reispapierblätter (Asienshops)
1 Eigelb zum Bestreichen
Sesamsamen zum Bestreuen

Den Apfel halbieren und das Kerngehäuse entfernen. Von der Nektarine den Kern auslösen. Beide Früchte in feine Stäbchen schneiden oder auf der Röstiraffel reiben. Die Dörrfrüchte hacken.
Die frischen Früchte mit den Dörrfrüchten, Mandeln, Zucker, Zitronenschale und Ingwer mischen. Zugedeckt 1 Stunde ziehen lassen.
Alle Zutaten zur Honigsauce verrühren und zusammen kurz aufkochen.
Die Reisblätter mit Wasser bepinseln, etwas Früchtemischung darauf geben, einrollen. Mit der Naht nach unten auf ein mit Backpapier belegtes Blech legen. Mit Eigelb bestreichen und mit Sesam bestreuen.
Bei 220 Grad im vorgeheizten Ofen rund 5 Minuten backen. Mit der Honigsauce servieren.

## Hirsecreme mit Fruchtsauce und Sommerbeeren

80 g feines Hirsemehl (Reformhandel)
400 ml Soja- oder Reismilch
1 Prise Kardamom, gemahlen
$^1/_2$ unbehandelte Zitrone, abgeriebene Schale
einige Tropfen Zitronensaft
2 EL Agavendicksaft oder Akazienblütenhonig
50 ml Sojarahm
1 EL Grand Marnier oder Cointreau, nach Belieben

150 g Beeren nach Saisonangebot
frische Zitronenmelisse als Garnitur

Das Hirsemehl in der Soja- oder Reismilch glatt rühren. Unter Rühren aufkochen, bis die Masse bindet. Mit Kardamom und Zitrone würzen. Unter Rühren abkühlen lassen. Mit dem Agavendicksaft und Sojarahm mischen. Mit Grand Marnier oder Cointreau nach Belieben abschmecken.
Mit frischen Beeren nach Saisonangebot mischen und servieren.

Anmerkung: Hirsemehl können Sie sich im Reformhandel mahlen lassen. Die Hirse kann einen leicht bitteren Nachgeschmack haben.

## Dinkelgriesscreme mit Sommerbeeren

400 ml Reis- oder Sojamilch
80 g Dinkelgriess
3 EL Agavendicksaft
2 EL Sojarahm
150 g Beeren nach Saisonangebot, z.B. Himbeeren

Die Milch mit dem Dinkelgriess aufkochen und so lange rühren, bis die Masse cremig wird. Unter Rühren abkühlen lassen und mit Agavendicksaft abschmecken. Mit dem Sojarahm verfeinern und mit Beeren bestreut servieren.

Tipp: Die Creme wird feiner, wenn sie mit Reismilch statt mit Sojamilch zubereitet wird.

## Apfelküchlein

*Ausbackteig:*
75 g Dinkelvollkornmehl
1 Prise Meersalz
125 ml Bier oder Weisswein
1 EL Agavendicksaft oder Vollrohrzucker
1 Freilandei
1/2 unbehandelte Zitrone, abgeriebene Schale
1 TL Olivenöl

2 säuerliche Äpfel
Olivenöl zum Ausbacken

Für den Teig alle Zutaten verrühren und 30 Minuten quellen lassen.
Die Äpfel schälen, das Kerngehäuse ausstechen und die Äpfel in dicke Ringe schneiden. Die Apfelringe durch den Teig ziehen und in heissem Olivenöl knusprig backen.

Tipp: Olivenöl darf und kann sehr gut zum Frittieren verwendet werden. Es darf aber nicht über 180 Grad erhitzt werden. Verwenden Sie zum Frittieren ein Olivenöl mit nicht zu kräftigem Eigengeschmack.

## Erdbeer-Grapefruit-Salat

Für Blutgruppe 0 als Früchte Kiwi, Datteln oder Feigen (frisch oder getrocknet) wählen.

500 g Erdbeeren, geviertelt
1 rosa Grapefruit, in Filets geteilt
1 EL Vollrohrzucker oder Agavendicksaft
1 EL geröstete Pinienkerne
Borretschblüten als Garnitur

Die Erdbeeren und Grapefruitfilets mit dem Zucker mischen und den Salat etwas durchziehen lassen.
Mit den Pinienkernen und Borretschblüten garniert in einem Stielglas servieren.

Tipp: Kann auch als Vorspeise serviert werden.

*Dinkelgriesscreme mit Sommerbeeren*

## Dinkelcrêpes

Grundrezept

125 g Dinkelvollkorn- oder Dinkelruchmehl
2 Freilandeier
1/4 l Sojamilch
1 Prise Meersalz
1/2 EL Olivenöl

Alle Zutaten miteinander glatt rühren und 20–30 Minuten quellen lassen.
In einer beschichteten Pfanne Crêpes ausbacken. Nach Belieben füllen.

## Zwetschgen in Rotwein

Für Blutgruppe 0 den Zimt weglassen.

300 g frische Zwetschgen
1/4 l Rotwein
1 kleine Zimtstange
1–2 EL Vollrohrzucker
evtl. wenig Ingwer, gemahlen

Die Zwetschgen entsteinen und mit Zimtstange, Zucker und Ingwer kurz im Rotwein aufkochen. Lauwarm servieren.

## Schnelles Beerensorbet

200 g tiefgekühlte Waldbeerenmischung
2 EL Sojajoghurt
1–2 EL Agavendicksaft oder Ahornsirup

Die Beeren kurz antauen lassen und mit den übrigen Zutaten kurz mixen. Sofort zu Kugeln formen und servieren.

Tipps: Dieses Sorbet muss immer frisch zubereitet werden; wenn man das fertige Sorbet nochmals tiefkühlt, wird es sehr hart.
Dieses Rezept ist ideal, wenn keine Eismaschine und nur ein kleines Tiefkühlfach zur Verfügung steht.
Für Blutgruppe A kann statt Sojajoghurt auch normales fettarmes Joghurt verwendet werden.

*Schnelles Beerensorbet*

## Dinkelguetzli

Für Blutgruppe 0 den Zimt weglassen.

Für 40–50 Guetzli (Kekse) für den Vorrat

| | |
|---|---|
| 125 g | Butter, kalt |
| 250 g | Dinkelvollkorn- oder Dinkelruchmehl |
| 125 g | gemahlene Mandeln |
| 150 g | Vollrohrzucker |
| 1 | Freilandei |
| 1 Prise | Nelkenpulver |
| 1 Prise | Zimtpulver |

Die kalte Butter verreiben und sofort mit Mehl, Mandeln und Vollrohrzucker mischen. Das Ei aufschlagen, mit dem Nelkenpulver und eventuell Zimtpulver mischen, zur Mehlmischung geben und alles, ohne zu kneten, zu einem Teig zusammenfügen. Eine Rolle formen und diese 30 Minuten in Folie gepackt kalt stellen.

Die Rolle in 1/2 cm dicke Plätzchen schneiden. Diese auf Backpapier legen und im vorgeheizten Ofen bei 200 Grad auf der zweituntersten Rille 12 Minuten backen.

Statt dem Ei können auch 3–6 EL Mineralwasser zugegeben werden.

Anmerkung: Für die Blutgruppe A wird Butter nicht empfohlen, aber da sich bei diesem Rezept die Buttermenge auf eine grosse Menge Guetzli verteilt, sind wir der Auffassung, dass es sich um eine der erlaubten Ausnahmen handelt.

## Dattel-Muffins

Für Blutgruppe 0 den Zimt weglassen.

Ergibt 12–14 Muffins

| | |
|---|---|
| 150 g | Datteln ohne Stein und getrocknete Feigen |
| 250 g | Dinkelvollkorn- oder Dinkelruchmehl |
| 3 TL | phosphatfreies Backpulver |
| 120 g | Akazienblütenhonig oder Agavendicksaft |
| 1/2 TL | Meersalz |
| 1/2 TL | Zimt |
| 1/2 TL | Lebkuchengewürzmischung |
| 1 | Freilandei |
| 1 | ungespritzte Zitrone, abgeriebene Schale |
| 50 ml | Olivenöl |
| 1/4 l | Soja- oder Reismilch |

Die Dörrfrüchte am besten im Cutter oder mit dem Wiegemesser fein hacken.

Alle Zutaten der Reihe nach mischen und den Teig bis zu 2/3 der Höhe in Muffinförmchen füllen.

Bei 180 Grad im vorgeheizten Ofen 25 Minuten backen (Umluft 20 Minuten).

Werden Papierförmchen verwendet, sollten 3–4 Förmchen ineinander gestellt werden, damit die Muffins die Form behalten und nicht auseinander laufen.

Tipp: Die Muffins können zum Frühstück, als Snack oder auch als Dessert serviert werden. Sie können gut tiefgekühlt werden.

*Dattel-Muffins*

## Süsse Schnecken mit Apfel-Mandel-Füllung

*Teig:*
siehe Rezept «Schnelles Dinkelbrot», Seite 112

*Oder:*
300 g Dinkelhalbweissmehl
1/2 TL Meersalz
1/2 Würfel Frischhefe
6 EL Olivenöl extravergine
150 ml Reis- oder Sojamilch

*Füllung:*
100 g gemahlene Mandeln
2 säuerliche Äpfel, mit der Schale grob gerieben
1 Zitrone, Saft und abgeriebene Schale
3 EL Akazienblütenhonig

*Glasur:*
2 EL Akazienblütenhonig
1 EL heisses Wasser

Für den Teig alle Zutaten zu einem Teig verkneten und zugedeckt bei Raumtemperatur um das Doppelte aufgehen lassen. (Die Hälfte des Teiges reicht für 2 Personen, die andere Hälfte kann tiefgekühlt werden.)
Alle Zutaten für die Füllung gut mischen.
Den Teig rechteckig auswallen und mit der Füllung bestreichen. Dabei am Rand einen 1 cm frei lassen. Den Teig von der Längsseite aufrollen und die Enden gerade abschneiden. Die Rollen in 3 cm breite Stücke schneiden und diese mit wenig Abstand auf ein mit Backtrennpapier ausgelegtes Backblech legen.
Im auf 200 Grad vorgeheizten Ofen 20–25 Minuten backen. Nach dem Herausnehmen mit der Honigglasur (Honig mit heissem Wasser vermischt) bestreichen.

## Apfelwähe

Für 1 Blech von 26 cm Durchmesser

*Teig:*
siehe «Blitzkuchenteig», Seite 114

*Belag:*
3–4 Äpfel (z.B. Boskoop), ca. 600 g, mit der Schale in Schnitze geschnitten

*Guss:*
200 ml Sojamilch
100 ml Sojarahm
1 Freilandei
3–4 EL Agavendicksaft oder 2 EL Akazienblütenhonig oder Stevia (siehe Seite 117)

Den Teig auf einem mit Backtrennpapier belegten Blech auswallen. Mit den Apfelschnitzen belegen.
Für den Guss alle Zutaten mischen und glatt rühren, über die Äpfel verteilen.
Bei 180 Grad im vorgeheizten Ofen 25–30 Minuten backen.

*Apfelwähe*

*Kräuter-Muffins mit Gemüse*

## Kräuter-Muffins mit Gemüse

Für 8 Muffins

| | |
|---|---|
| 250 g | Dinkelvollkorn- oder Dinkelruchmehl |
| 3/4 TL | Meersalz oder Kräutermeersalz |
| 1/2 TL | phosphatfreies Backpulver |
| 3 | Freilandeier |
| 200 ml | Sojamilch |
| 4 EL | Olivenöl extravergine |
| 1 | kleine Zwiebel, fein gehackt |
| 1–2 | Knoblauchzehen, gehackt, nach Belieben |
| 50 g | fein gehacktes oder geraffeltes Gemüse der Saison (Federkohl, Kürbis, Lauch, Zucchini) |
| 1/2 Bund | glattblättrige Petersilie, gehackt |
| 1/2 Bund | Basilikum, fein gehackt |
| 25 g | Pecorino, gerieben |
| | Olivenöl für die Formen |

Alle Zutaten der Reihe nach zu einem Teig verrühren. Die Masse in die Muffinförmchen oder in geölte Soufléförmchen füllen und bei 200 Grad rund 20 Minuten backen (Nadelprobe).
Wird Federkohl (Grünkohl) verwendet, diesen von den groben Stielen abzupfen und fein hacken, eventuell kurz in Olivenöl dünsten, bis er zusammenfällt, und dann unter die Teigmasse geben. Andere Gemüsesorten können roh verwendet werden.

Variante: Gehackte grüne Oliven unter den Teig mischen.

Tipp: Die Muffins können auch gut tiefgekühlt und statt Brot serviert werden.

## Lauchwähe mit Ziegenkäse und Baumnüssen

Für Blutgruppe A Chili weglassen.

Für eine Wähe von 26 cm Durchmesser

*Teig:*
siehe «Blitzkuchenteig», Seite 114

*Belag:*

| | |
|---|---|
| 400 g | Lauch, in Ringe geschnitten |
| 1–2 | Knoblauchzehen, gehackt |
| 1 EL | Olivenöl extravergine |
| wenig | Gemüsebrühe |
| | Kräutermeersalz |

*Guss:*

| | |
|---|---|
| 1 | Freilandei |
| 50 g | Ziegenfrischkäse (evtl. 100 g für stärkeren Geschmack) |
| 200 ml | Sojamilch |
| 1 Zweig | Thymian |
| etwas | Chili |
| 50 g | grob gehackte Baumnüsse |
| | Kräutermeersalz |

Den Lauch zusammen mit dem Knoblauch im Olivenöl 3–4 Minuten dünsten, falls nötig wenig Gemüsebrühe angiessen. Gut würzen.
Den Teig auswallen und mit dem Lauch belegen.
Für den Guss das Ei mit Ziegenfrischkäse, Sojamilch und den Gewürzen mixen. Den Guss über das Gemüse verteilen und die gehackten Baumnüsse darauf streuen. Im 200 Grad heissen Ofen 30 Minuten backen. Mit Salat servieren.

# Schnelles Dinkelbrot

600 g Dinkelvollkorn- oder Dinkelruchmehl
1 TL Meersalz
1 Würfel Frischhefe
350 ml kaltes Wasser
1 EL Vollrohrzucker oder Agavendicksaft
60 ml Olivenöl extravergine

Mehl und Salz mischen.
Die Hefe im Wasser auflösen, den Vollrohrzucker oder Agavendicksaft und das Olivenöl dazugeben.
Die Hefemischung zum Mehl geben und 10 Minuten mit dem Handrührgerät oder 15–20 Minuten von Hand kräftig kneten. Den Teig zugedeckt 30 Minuten um das Doppelte aufgehen lassen. Nochmals gut durchkneten und zu einem Laib formen.
Bei 200 Grad 20–30 Minuten backen.

Tipp: Dieser vielseitig verwendbare Teig eignet sich auch sehr gut für die Zubereitung von Pizza, für süsse und salzige Wähen, Brötchen oder Schnecken (siehe Seite108).

# Dinkelzopf mit Olivenöl

20 g Frischhefe oder 1/2 Päckchen Trockenhefe
1 TL Vollrohrzucker
250–300 ml Soja- oder Reismilch
500 g Dinkelhalbweiss- oder Dinkelweissmehl
1 TL Meersalz
100 ml Olivenöl extravergine
1 Eigelb (Freilandei)

Die Hefe mit dem Vollrohrzucker in 100 ml lauwarmer Soja- oder Reismilch auflösen. 10 Minuten gehen lassen.
Das Mehl mit dem Salz mischen und in eine Schüssel geben. In die Mitte eine Mulde drücken und die angerührte Hefe in die Mitte geben.
Die restliche Sojamilch mit dem Olivenöl erwärmen und ebenfalls dazugeben.
Alles zu einem Teig zusammenfügen. Den Teig mindestens 10 Minuten gut kneten, bis er regelmässige Luftlöcher aufweist. Zugedeckt an einem warmen Ort um das Doppelte aufgehen lassen. Den Teig nochmals durchkneten und zu einem Zopf flechten. Den Zopf an einem kühlen Ort 30 Minuten gehen lassen.
Den Ofen auf 200 Grad vorheizen. Das Eigelb mit einem Löffel Sojamilch glatt rühren und den Zopf damit bepinseln. Den Zopf 45 Minuten im vorgeheizten Ofen backen.

Tipp: Sowohl der fertige Zopf wie auch Zopfteig können tiefgekühlt werden.

*Dinkelzopf*

## Pikante Gemüseschnecken mit Spinat und Sardellen

Für Blutgruppe A Sardellen und Cayennepfeffer weglassen.

*Teig:*

| | |
|---|---|
| 300 g | Dinkelhalbweissmehl |
| 1/2 TL | Meersalz |
| 1/2 Würfel | Hefe |
| 6 EL | Olivenöl extravergine |
| 150 ml | Reis- oder Sojamilch |

*Füllung (für die Hälfte des Teiges):*

| | |
|---|---|
| 1 | grosse Zwiebel, gehackt |
| 6 | Knoblauchzehen, gepresst |
| 1 EL | Olivenöl extravergine |
| 100 g | frischer Spinat oder Lattich, zerkleinert |
| 6–8 | Sardellen |
| 3–4 EL | Wasser |
| evtl. wenig | Cayennepfeffer |
| | Kräutermeersalz |

Alle Teigzutaten mischen und zu einem weichen, glatten Teig kneten. Zugedeckt bei Raumtemperatur um das Doppelte aufgehen lassen. (Die Hälfte des Teiges einfrieren und ein anderes Mal z.B. auch für süsse Schnecken verwenden.)
Zwiebel und Knoblauch im Olivenöl andämpfen. Spinat oder Lattich dazugeben, kurz mitdämpfen, dann die Sardellen und das Wasser dazugeben und alles auf kleinem Feuer garen lassen. Mit dem Stabmixer pürieren, würzen.
Den Teig auf wenig Mehl rechteckig auswallen. Mit der Füllung bestreichen, dabei ringsum einen 1 cm breiten Rand frei lassen. Den Teig von der Längsseite her aufrollen. Die Enden geradeschneiden. Die Rolle in etwa 3 cm breite Stücke schneiden und diese in gleichmässigem Abstand auf ein mit Backpapier belegtes Blech legen. Zugedeckt nochmals aufgehen lassen. Die Schnecken müssen sich fast berühren.
Im vorgeheizten Backofen bei 200 Grad 20–25 Minuten backen.

Tipp: Zusammen mit einem Salat als Abendessen servieren oder für mehrere Personen als Vorspeise.

## Blitzkuchenteig

Grundrezept für süsse und pikante Wähen

Für ein grosses rundes Blech von 28 cm Durchmesser oder ein Blech von 26 cm Durchmesser und eine kleine Wähe

| | |
|---|---|
| 275 g | Dinkelvollkorn- oder Dinkelruchmehl |
| 1/4 TL | Meersalz |
| 175 ml | kochendes Wasser |
| 50 ml | Olivenöl extravergine |

Das Mehl mit dem Salz mischen. Das kochende Wasser zum Olivenöl schütten und mit dem Mixstab 1 Minute emulgieren, die Flüssigkeit muss milchig sein. Sofort unter das Mehl mischen und alles kurz zu einem Teig zusammenfügen. Nicht kneten. Warm nach Rezept weiterverarbeiten.
Backzeit: Bei 200 Grad rund 30 Minuten.

# Nützliche Tipps und Bezugsquellenhinweise

Beim Einkauf von Lebensmitteln sollten Sie Ihr Hauptaugenmerk auf möglichst frische, naturbelassene Produkte richten.

**Freilandfleisch bevorzugen**

Bevorzugen Sie Fleisch von Tieren aus kontrollierter Freilandhaltung (z. B. KAG). Der Unterschied der Fleischqualität ist unverkennbar.

**Frischer Fisch**

Kaufen Sie nur absolut frischen Fisch, beim ganzen Fisch erkennbar an den Augen, die klar und glänzend sein müssen; die Kiemen sollten auf der Rückseite leuchtend rot oder dunkelrosa sein. Riecht der Fisch unangenehm oder ist seine Haut schleimig, kaufen Sie ihn nicht.
Von verschiedenen Fischsorten ist heute der Bestand stark zurückgegangen. Schwimmende Fischfabriken gefährden mit Schleppnetzen ganze Fischpopulationen in ihrer Existenz. Fragen Sie beim Fischkauf daher nach der Herkunft und der Fangmethode. Besonders problematische Fische sind: Haifisch (gewisse Arten stehen auf der Liste der bedrohten Tierarten), Thunfisch (gewisse Sorten), Lachs (es gibt auch Lachs aus umweltverträglicher Aquakultur).

**Keine Konserven**

Verzichten Sie wenn immer möglich auf Konserven aller Art. Konservierte Lebensmittel sind arm an Vitalstoffen und daher für eine gesunde Ernährung nicht zu empfehlen.

**Saisongerechte Produkte bevorzugen**

Bevorzugen Sie frische, saisongerechte Gemüse und Früchte aus biologischem Anbau. Frischware ist immer auch der Tiefkühlware vorzuziehen.
Bevorzugen Sie auch bei Trockenprodukten möglichst Bioprodukte, diese sind in ihrem Gehalt an Inhaltsstoffen immer wertvoller.

## Zu einzelnen Lebensmitteln

Sie können nach der Lebensmittelliste in diesem Buch alle Ihre gewohnten Rezepte und Lieblingsmenüs mit der einen oder anderen Änderung meist problemlos den Empfehlungen der Blutgruppenernährung anpassen. Dazu hier noch einige weitere praktische Tipps:

**Agavendicksaft**

Natürliches Süssmittel, das aus dem Saft von Agaven hergestellt wird. Da Agavendicksaft im Geschmack fast neutral ist und eine flüssige Konsistenz hat, eignet er sich hervorragend zum Süssen von Getränken und Desserts. Durch den hohen Gehalt an natürlichem Fruchtzucker ist er auch für Diabetiker geeignet. Im Reformhandel erhältlich.

**Brot und Gebäck**

Erkundigen Sie sich in Ihrem Reformhaus oder Bioladen nach reinem Dinkelgebäck, Dinkelbrot und Dinkelteigwaren. Im Zweifelsfall lesen Sie immer genau die Zutatenliste auf den Produkten.
Knäckebrot enthält meist keinen Weizen, sondern wird in der Regel aus Roggen hergestellt (Zutatenliste beachten). Sie finden in diesen Buch auch ein einfaches Rezept für hausgemachtes Dinkelbrot (Seite 112) sowie weitere schmackhafte Backwaren auf der Basis von reinem Dinkelmehl.
Kaufen Sie statt normalem Brot Essener bzw. Ojas-Brot aus dem Reformhandel. Essener Brot wird aus gekeimtem Weizen hergestellt, dabei werden die schädlichen Lektine (siehe Seite 14) vernichtet; daher ist es, obwohl es aus Weizen hergestellt wird, bekömmlich. Auf Seite 116 finden Sie ein Rezept zur Herstellung von Essener Brot.
Tipp: Für den Vorrat oder die Zwischenmahlzeit eignen sich sehr gut Reiswaffeln.

**Dinkel statt Weizen**

Der stark überzüchtete Weizen ist heute für immer mehr Menschen unverträglich. Dinkel, den Urweizen, hat schon Hildegard von Bingen vor rund tausend Jahren empfohlen. Dinkel ist für alle Blutgruppen bekömmlich. Weizen können Sie in allen Rezepten durch Dinkel oder Kamut (Urweizen, im Biohandel erhältlich) ersetzen. Für Pfannkuchen und Blinis eignen sich ausserdem auch sehr gut Buchweizen-, Gersten- oder Kastanienmehl.

**Essig**

ist weder für Blutgruppe 0 noch A empfohlen. Statt Essig kann Zitronensaft verwendet werden. Gegen die Verwendung von kleinsten Mengen Balsamicoessig oder Apfelessig ist von unserer Seite aus aber nichts einzuwenden.

**Essener Brot**

In der Schweiz bietet die Firma Soyana in Schlieren ein Keimbrot unter der Bezeichnung «Ojas» im Reformhandel an. Neu

ist auch ein Keimbrot aus reinem Dinkel erhältlich. In Deutschland ist Essener Brot im Reformhandel erhältlich.
Hier ein einfaches Rezept zur Herstellung von Essener Brot: 200 g Weizen, Dinkel oder Roggen ca. 2 Tage ankeimen lassen. Dann mit 200 ml Wasser im Mixer zermahlen. Absieben – das Wasser nicht wegschütten, sondern trinken. Die knetfähige Masse mit 30 g Buchweizenmehl mischen und mit Meersalz, Ingwerpulver oder Brotgewürz würzen. 30 Minuten quellen lassen und mit 3 EL Leinsamen vermischen. Den Teig auf einem mit Olivenöl bestrichenen Backblech zu drei Fladen ausstreichen. Bei 50 Grad 8–10 Stunden langsam «backen», eigentlich trocknen lassen. Im Kühlschrank aufbewahren.

### Fette und Öle

Lesen Sie beim Einkauf die Angaben auf dem Etikett. Hochwertige Öle müssen kaltgepresst (extravergine) sein. Meiden Sie alle heissgepressten und raffinierten Öle! (Vermutlich aus diesem Grund wird in der Originalliteratur von den meisten Speiseölen abgeraten und nur das naturbelassene Olivenöl als bekömmlich empfohlen, während die Samen von Kürbis, Sonnenblumen und Sesam verwendet werden können.)
Rapsöl ist bezüglich seiner Fettsäurezusammensetzung gesundheitlich mit dem Olivenöl vergleichbar. Es ist kaltgepresst und in kontrollierter Bioqualität im Bio- und Reformhandel erhältlich (Biofarm, Rapunzel).
Ganz meiden sollten Sie Margarine. Margarine ist ein industriell hergestelltes Fett, das im Rahmen einer gesunden Ernährung nicht zu empfehlen ist. Im Zweifelsfall verwenden Sie besser sparsam die natürliche Butter als Brotaufstrich. Zum Kochen und auch zum Backen eignet sich Olivenöl; Gebäck wird damit besonders bekömmlich.

### Fleisch und Geflügel

wird vor allem für Personen mit der Blutgruppe 0 empfohlen. In der Blutgruppenernährung wird nur mageres Fleisch und ganz besonders Fleisch aus kontrollierter Bio-Freilandhaltung empfohlen (siehe oben). Solches Fleisch unterscheidet sich hinsichtlich seiner Inhaltsstoffe von Fleisch von Tieren aus Intensivhaltung. Fleisch kann in vielen Rezepten auch durch Fisch, Huhn oder Tofu ersetzt werden.
(Dr. D'Adamo empfiehlt für Blutgruppe 0 als Fleischersatz ein auyurvedisches Kraut mit dem Namen Coleus forskohlii, das beim 0-Typ dieselbe Anhebung des Energieniveaus bewirken soll, wie wenn er Fleisch essen würde. Nach unseren Recherchen ist dieses Kraut aber bei uns nicht erhältlich.)

### Grüntee

Kaffee ersetzen Sie am besten durch den viel gesünderen Grüntee. Beachten Sie dabei unbedingt die richtige Zubereitung und Dosierung, damit er Ihnen schmeckt. Bei hoch wertigen Tees sind diese Angaben normalerweise auf der Packung vermerkt. In Gegenden mit sehr hartem Wasser wird der Tee feiner im Geschmack, wenn Sie gefiltertes/entkalktes Wasser verwenden. Eine andere Alternative zu Bohnenkaffee ist Getreidekaffee. Beachten Sie aber auf alle Fälle die Zusammensetzung.

### Grünteepulver (Mattcha)

ist in guten Teefachgeschäften und Drogerien, in gut sortierten Warenhäusern und im Reformhandel erhältlich. Echter Mattcha wird aus einem hochwertigen japanischen Schattentee hergestellt, indem das Teekraut in einer speziellen Marmormühle zu feinstem Pulver gemahlen wird. Das Pulver enthält relativ viel Koffein und sollte daher nicht für die Zubereitung von Getränken für Kinder verwendet werden. Preisgünstiger als echter Mattcha ist gemahlener Sencha. (Im Drogeriehandel erhältlich.)

### Olivenöl

Olivenöl sollte in der Blutgruppenernährung für alle 4 Blutgruppen die Hauptfettquelle darstellen. Dies entspricht der besonders gesunden Mittelmeerkost. Zum Backen, auch von süssem Gebäck, kann statt Butter problemlos Olivenöl verwendet werden, wie es in verschiedenen Regionen Italiens Tradition ist. Das Gebäck wird dadurch sehr schön luftig und leicht. Und selbstverständlich kann Olivenöl zum Braten und ausnahmsweise auch für die Fritüre verwendet werden. Zum Backen sollten Sie ein mildes Olivenöl bevorzugen.
Tipp: Ein sehr gutes, mildes und für alle Zwecke verwendbares Olivenöl der besten Qualität sowie verschiedene feine Aromaöle produziert und vertreibt Nicola di Capua in Embrach, Tel. 01/865 29 29.

### Pfeffer

können Sie durch Galgant oder Ingwer ersetzen. Beide Gewürze besitzen zahlreiche gesundheitliche Vorteile gegenüber dem Pfeffer. Pfeffer sollten Sie nur ausnahmsweise verwenden. Wir haben in allen Rezepten bewusst darauf verzichtet.

### Reis- und Sojamilch

Milch ist ohne weitere Deklaration immer Kuhmilch. Sie können Kuhmilch bei Bedarf ohne Probleme durch Sojamilch,

Reismilch oder Schafmilch (verdünnt) ersetzen. Schafmilch und Schafmilchjoghurt erhalten Sie nur während einer bestimmten Zeit im Jahr in Reform- und Bioläden oder direkt beim Bauern. Man kann Schafmilch auch sehr gut tiefkühlen. Da Schafmilch sehr viel fettiger ist als Kuhmilch, sollte man sie immer mit Wasser verdünnen.
Sojamilch und Sojaprodukte wie Tofu bieten sich als hochwertige Eiweissquelle für Menschen mit der Blutgruppe 0 und A an. Sie werden gut vertragen.

### Rohkost

ist gesund, sollte aber vor allem am Mittag genossen werden. Viele Personen vertragen Rohkost am Abend schlecht. Leicht gedämpftes Gemüse ist im Zweifelsfall bekömmlicher.

### Sojarahm als Rahmersatz

Rahm können Sie bei Bedarf durch Sojarahm (Reform- oder Biohandel) ersetzen. Allerdings lässt sich Sojarahm nicht schlagen, weshalb er sich für bestimmte Gerichte wie z.B. Glace nur bedingt oder gar nicht eignet. Pikante Speisen wie Kartoffelpüree, Suppen oder Gemüsegerichte verfeinern Sie am besten mit einem hochwertigen Olivenöl. Die Speisen werden dank dem Olivenöl auch leichter verdaulich.

### Stevia (Süsskraut)

ist eine uralte Kulturpflanze der Indianer. Sie besitzt eine sehr hohe Süsskraft und eignet sich zum natürlichen kalorienfreien Süssen von Getränken und Speisen. Stevia ist als getrocknetes Kraut oder flüssig im Reformhandel und in Drogerien erhältlich (nur in der Schweiz). In Japan wird Stevia im grossen Stil zum Süssen von kalorienfreien Getränken aller Art verwendet. Stevia kann man auch selbst als Kübelpflanze im Garten kultivieren. Fragen Sie im Gartenhandel danach.

### Teigwaren

Nudeln werden in der Regel aus Weizen- bzw. Hartweizengriess hergestellt, daher sollten Personen mit der Blutgruppe 0 am besten ganz darauf verzichten. Probieren Sie stattdessen reine Dinkelteigwaren aus dem Reformhandel. Diese müssen nach unseren Erfahrungen nur relativ kurz gekocht werden – kürzer, als auf der Packung angegeben –, sonst werden sie pappig. (Eine gute Qualität haben die Dinkelteigwaren der Firma Biofarm aus Kleindietwil/CH und jene der Firma Naturata.) Personen mit der Blutgruppe A sollten ebenfalls, wenn immer möglich, Dinkelpasta bevorzugen. Da sie aber den Weizen nicht so streng meiden müssen wie Personen mit Blutgruppe A, können sie auch ab und zu Vollkornteigwaren verwenden. Setzen Sie auf Ihren Speiseplan bevorzugt Reis, den alle Blutgruppen gut vertragen. Besonders praktisch für unterwegs sind Reiswaffeln.

### Tofu

Tofu vor der Verarbeitung gut würzen, da er sonst fade ist; am besten gewürfelt über Nacht mit Sojasauce, Kräutern, Knoblauch und Olivenöl marinieren. Einfacher ist es, fertig gewürzten Tofu zu kaufen.

### Ziegen- und Schafskäse

Käse besteht, sofern nichts anderes deklariert ist, in der Regel aus Kuhmilch. Bevorzugen Sie aber wenn immer möglich Ziegen- oder Schafskäse. Bei Reibkäse verwenden Sie statt Sbrinz und Parmesan besser Pecorino (sardischer oder sizilianischer Schafskäse). Ebenfalls zu empfehlen ist der echte Büffelmozzarella, der allein schon aus Geschmacksgründen dem Imitat aus Kuhmilch vorzuziehen ist. Büffelmozzaralla ist in der Schweiz inzwischen auch bei den meisten Grossverteilern im Sortiment.

### Zitrusfrüchte

Orangen sind wegen ihrer Säure für Personen der Blutgruppen 0 und A nicht gut bekömmlich. Besser geeignet sind Zitronen und rosa Grapefruits. Orangen sind vor allem für Menschen der Blutgruppe A problematisch.

### Zucker

meiden – vollwertige Süssmittel bevorzugen! Zucker enthält keine schädlichen Lektine, ist aber trotzdem im Rahmen einer gesunden Ernährung nicht zu empfehlen, da er den reibungslosen Stoffwechsel stört. Ersetzen Sie ihn durch bescheidene Mengen Vollrohrzucker, Agavendicksaft, Honig, Birnendicksaft oder Stevia (Süsskraut).

### Zwiebeln und Knoblauch

verfügen über Inhaltsstoffe, die als natürliches Antibiotikum wirken und daher das Immunsystem unterstützen. Für Blutgruppe 0 und A besonders zu empfehlen.

*Hinweis zur Lebensmitteltabelle*
Sollten Sie in der Lebensmitteltabelle ein bestimmtes Nahrungsmittel nicht finden, können Sie es eventuell auch kinesiologisch auf seine Verträglichkeit austesten lassen.

*Was tun bei Gesundheitsproblemen?*
Ein ganz wichtiger Hinweis: Bei gesundheitlichen Problemen wenden Sie sich bitte an einen Arzt oder Naturheilpraktiker; besprechen Sie mit diesem auch Ihre Pläne zur Ernährungsumstellung.

Persönliche Beratungen und praktische Kochkurse zum Thema Ernährung nach den Blutgruppen bieten:

Brigitte Speck
Dipl. Gesundheitsberaterin AAMI
Rossbergstr. 10
4632 Trimbach
Tel. 062 293 34 30
E-Mail: vonarxspeck@bluewin.ch

Erica Bänziger
Dipl. Ernährungsberaterin
Dipl. Gesundheitsberaterin AAMI
6653 Verscio
Tel. 091 796 28 61
079 354 12 30
erica@biogans.ch
www.biogans.ch/erica

*Erfahrungsaustausch zur Ernährung nach Blutgruppen*
Wer Erfahrungen austauschen oder Fragen diskutieren möchte, kann dies im Internet unter www.dadamo.com. Hier können sich Interessierte direkt an den Begründer dieser Ernährungstheorie wenden.
Ihre Erfahrungen und Fragen, die wir gerne beantworten werden, können Sie auch über www.biogans.ch/erica oder die oben genannten E-Mail-Adressen an die Autorinnen weiterleiten.

## Literaturverzeichnis

D'Adamo, Peter J., und Catherine Whitney: *4 Blutgruppen – 4 Strategien für ein gesundes Leben,* überarbeitete Neuausgabe, Piper Verlag, 1999

D'Adamo, Peter J., und Catherine Whitney: *4 Blutgruppen – Das Kochbuch für ein gesundes Leben,* 2. Auflage, Piper Verlag, 2000

Speck, Brigitte: *Neue Ernährungstrends unter der Lupe,* Diplomarbeit, März 2000 (erhältlich bei der Autorin)

Hessmann-Kosaris, Anita: *Die Blutgruppen-Diät,* Mosaik Verlag, 1998

## Dank

Wir danken an dieser Stelle ganz herzlich unseren Familien und Freunden, allen kritischen Testessern, dem Verlags-Team und natürlich ganz besonders dem Fotografen für die freundliche Unterstützung und die stets gute Zusammenarbeit bei der Realisierung dieses Kochbuches.

*Erica Bänziger und Brigitte Speck*

## Die Autorinnen

Erica Bänziger lebt und arbeitet als freie Ernährungs- und Gesundheitsberaterin im Tessin. Sie ist erfolgreiche Autorin verschiedener Kochbücher und Mutter eines Sohnes.

Brigitte Speck lebt und arbeitet als freie Gesundheitsberaterin AAMI mit dem Schwerpunkt Ernährungsberatungen in Trimbach/Solothurn. Sie ist Mutter von drei erwachsenen Kindern.

# Rezeptverzeichnis

**Fleisch**



**Desserts**



**Gebäck**